新锐
经管学术系列

差序格局、关系嵌入
与民营企业代理成本

刘晓霞　　石华军　著

厦门大学出版社　国家一级出版社
XIAMEN UNIVERSITY PRESS　全国百佳图书出版单位

图书在版编目(CIP)数据

差序格局、关系嵌入与民营企业代理成本/刘晓霞,石华军著. —厦门:厦门大学出版社,2018.11
(新锐经管学术系列)
ISBN 978-7-5615-7097-5

Ⅰ.①差… Ⅱ.①刘…②石… Ⅲ.①私营企业—上市公司—企业管理—研究—中国 Ⅳ.①F279.245

中国版本图书馆 CIP 数据核字(2018)第 212726 号

出 版 人	郑文礼
责任编辑	许红兵
封面设计	蒋卓群
技术编辑	朱　楷

出版发行 厦门大学出版社

社　　址	厦门市软件园二期望海路 39 号
邮政编码	361008
总 编 办	0592-2182177　0592-2181406(传真)
营销中心	0592-2184458　0592-2181365
网　　址	http://www.xmupress.com
邮　　箱	xmup@xmupress.com
印　　刷	厦门市金凯龙印刷有限公司

开本	720 mm×1 000 mm　1/16
印张	10.75
插页	2
字数	178 千字
版次	2018 年 11 月第 1 版
印次	2018 年 11 月第 1 次印刷
定价	46.00 元

本书如有印装质量问题请直接寄承印厂调换

厦门大学出版社
微信二维码

厦门大学出版社
微博二维码

摘　要

　　自从伯利和米恩斯提出两权分离命题以来,委托代理问题开始成为公司治理领域研究的中心问题,经 Jensen、Meckling 等众多学者的系统性研究,形成了委托代理理论,并成为公司治理理论的重要基石。在西方发达经济市场,基于委托代理关系设计的监督激励机制等现代企业治理机制已经非常成熟。我国的公司治理实践也是基于委托代理理论进行的机制设计。经过这么多年的市场化发展,我们虽然建立了完整的公司治理结构,引进了独立董事制度,设立了监事会,也实施了股权激励计划,但公司治理的效果始终不尽如人意。上市公司成了大股东上市圈钱的工具,股票市场成了资本家、投机分子的乐园,也成为绝大多数中小投资者的失乐园。制度的设计是理想的,其目标是美好的,但我们要思考的是制度与制度实施环境的适应性问题。本书基于这样的背景和目的,研究了中国特色的关系嵌入和差序格局对委托代理成本的影响,为委托代理理论和公司治理理论在中国的本土化研究开阔了视野,也为中国公司治理机制的完善做出了增量贡献。

　　本书在回顾相关文献与理论的基础上,分析了关系嵌入与差序格局对三类代理成本——股东与经营者之间的股权代理成本、大股东与中小股东之间的大股东代理成本、股东与债权人之间的债务代理成本——的影响机制和理论模型。通过模型推导,我们认为大股东与经营者的关系嵌入强度对三类委托代理冲突都有影响,随着二者关系嵌入的增强,股权代理成本呈差序格局递减,大股东代理成本呈差序格局递增,债务代理成本则要视情况而定,其受影响的程度要看大股东与经营者在关系利益上的分成系数。然后我们以民营上市公司为研究样本,通过大量数据的搜集和整理,分析了民营企业实际控制人与总经理之间的差序格局的关系嵌入分布现状,为随后的实证分析奠定了基础。

在统计分析民营上市公司实际控制人与总经理之间的关系嵌入现状时,发现绝大部分民营上市公司实际控制人都担任公司的董事长,一半有余的实际控制人还会兼任总经理,精力不够的情况下会聘用亲人和熟人做总经理来经营管理具体的事务。选择外人担任总经理的比例较低,即民营上市公司处于家族或泛家族化治理状态。通过分年份、分地区、分行业的统计,发现不同年份、不同行业以及不同地区,实际控制人与总经理的关系嵌入分布有明显的差异。不同的关系嵌入类型,总经理的性别、年龄、学历各有特点:总经理是实际控制人本人和亲人的学历相对较低,熟人和外人总经理学历相对较高;实际控制人自己担任总经理的年纪相对较大,亲人总经理年龄相对较小,熟人和外人总经理年龄居间。

在实证分析实际控制人与总经理差序格局的关系嵌入性对三类代理成本的影响上,结果显示实际控制人与总经理关系嵌入的差序格局对股权代理成本有显著的影响,对代理效率的影响不显著。股权代理成本随着差序格局递增,熟人和外人总经理显著提高了股权代理成本。从关系嵌入的差序格局对大股东代理成本的影响看,大股东代理成本随着实际控制人与总经理关系嵌入的差序格局递减,实际控制人亲自担任经营者对中小股东的利益侵占最直接、最突出。从实际控制人与总经理关系嵌入的差序格局对债务代理成本的影响看,系数并不显著。实证检验同时发现,我国的公司治理结构对三类代理成本的制约作用很有限,公司治理没有发挥有效作用。总之,基于差序格局的关系嵌入性对大股东代理成本的作用最明显。这说明在讲究关系文化的中国制度环境下,容易产生更严重的大股东与中小股东代理冲突。

本书给投资者和监管者提供了从大股东与经营者关系嵌入的角度来观察委托代理行为和冲突的视角。在制度的设计上应该考虑关系因素的影响,建立适合我国社会文化环境的关系治理结构,并完善经理人市场,建立个人诚信档案和社会信任制度,加强制度化信任体系的建设,以推进现代化公司治理体系制度的建设。

关键词:关系嵌入;差序格局;委托代理;代理成本;公司治理

Abstract

Since Berle and Means put forward the proposition of the separation of property ownership and management, principal-agent problem has become the central issue of research in the field of corporate governance. The principal-agent theory has informed during the systematic study by many scholars such as Jensen and Meckling, and has become an important cornerstone of the theory of corporate governance. In the western developed market economy, the design of modern enterprise governance system such as supervision and incentive mechanism which was designed based on the principal agent relationship is already very mature. Our corporate governance practice and mechanism design is based on principal-agent theory too. We have established a corporate governance structure through so many years of market development, and has already introduced the independent director system, has set up a board of supervisors, and has implemented equity incentive plan, but the effectiveness of corporate governance is not so satisfactory, the listing Corporation became finance tool of major shareholders , the stock market has become paradise to capitalists and speculators, which has become lost paradise to the majority of small and medium-sized investors. The target of system design is good and idealized, but we need to think about the adaptability of environment of system and system implementation. Due to this background and purpose, the paper has studied the influence of relational embeddedness and the pattern of difference sequence on agency cost that full of Chinese characteristics, and has opened a new horizon for the localization study of principal-agent theory and the theory of corporate governance in China, and also has made incremental contributions to improve the corporate governance system in

China.

The paper has analyzed the influence mechanism and theory model of · relational embeddedness and the pattern of difference sequence on the three kinds of agency costs based on reviewing the related literature and theory—the equity agency cost that between shareholders and entrepreneurs, the shareholder agency cost between large shareholders and small shareholders, the debt agency costs between shareholders and creditors. It has given the result that relational embeddedness and the pattern of difference sequence of large shareholders and managers had affection on the three types of agency conflicts, with the enhancement of the relationship between large shareholders and managers, equity agency cost declines, the shareholder agency cost increasing, debt agency costs depends on how large shareholders and managers divided relational interests. And then analyzed the type of relational embeddedness and the distribution of pattern of difference sequence of large shareholders and managers through a large number of data collection and collation of private listing Corporation as research samples, laid the foundation for the subsequent empirical analysis.

Through the analysis of relational embeddedness and the pattern of difference sequence between large shareholders and managers in private listing Corporation, we found that most of chairman of private listing corporation were the company's actual controllers, also more than half of the actual controllers were general managers, they would hire relatives and acquaintances as general managers to manage specific affairs when they had not enough energy. There was relatively low selection to outsiders as general managers, so private listing Corporations were in the family or pan family governance state. We found that the distribution of relational embeddedness between large shareholders and managers had obvious differences in different years and in different industries and in different regions through statistics. There were different characteristics in gender, age and education of general managers when there were Different types of relational embeddedness. the academic qualifications of actual controllers managers and relatives managers is relatively low, and academic qualifica-

IV

tions of acquaintances and strangers general managers were relatively high. The age of actual controllers managers were relatively older, relatives managers were relatively younger, acquaintances and strangers managers were intermediary.

In the empirical analysis of the effect of relational embeddedness and the pattern of difference sequence of actual controller and general manager on three kinds of agency costs, the results showed that the relational embeddedness pattern of difference sequence of actual controller and general manager has a significant effect on the equity agency cost, has no obvious influence on the agency efficiency. The equity agency cost increased with the pattern of difference sequence, acquaintance and stranger managers improved the equity agency cost obviously. From the effect of relational embeddedness of difference sequence effects on shareholder agency cost, shareholder agency cost decreased with relational embeddedness of difference sequence between actual controller and general manager, the actual controllers himself as the operator occupy the interests of small shareholders were the most direct and prominent. We found the effect of relational embeddedness of difference sequence on debt agency cost was not significant. Empirical test also found that the corporate governance structure of our country played limit role on the three types of agency costs, corporate governance has played no effective influence. In short, relational embeddedness of difference sequence has played most obvious role on shareholder agency cost. That is to say, in the environment of China who stressed guanxi culture, it is easily leading to even more serious agency conflicts between large shareholders and small shareholders.

The article provides a perspective of observe the principal-agent behavior and conflict through relational embeddedness between large shareholders and operators to investors and regulators. We should consider the influence factor of relational embeddedness when to design system, and establish relational corporate governance structure to adapt China's social and cultural environment, and perfect manager market, establish personal credit archives and social trust system, strength the construction of institutional trust system, as to promote the construction of modern corporate governance system.

Keywords: relational embeddedness; the pattern of difference sequence; agent; agency cost; corporate governance

目录 Contents

第 1 章

绪 论

1.1　研究的背景及问题提出

自从 1932 年伯利和米恩斯在《现代公司与私有产权》中提出两权分离命题以来,委托代理问题开始成为公司治理领域研究的中心问题,经 Jensen、Meckling 等众多学者的系统性研究,形成了委托代理理论,并成为公司治理理论的重要基石。在西方发达经济市场,基于委托代理关系设计的监督激励机制等现代企业治理机制已经非常成熟,服务于现代化大型公司,收到了较好的治理回报。很多非发达市场经济国家也引进这一套理论和机制,希望能提高本土的公司治理水平。我国的公司治理实践也是基于委托代理理论进行的机制设计。经过这么多年的市场化发展,我们虽然建立了完整的公司治理结构,引进了独立董事制度,设立了监事会,也实施了股权激励计划,但公司治理的效果始终不尽如人意。上市公司成了大股东上市圈钱的工具,股票市场成了资本家、投机分子的乐园,也成为绝大多数中小投资者的失乐园。制度的设计是理想的,其目标是美好的,但我们要思考的是制度与制度实施环境的适应性问题。所以,研究我国特定的社会文化背景和制度环境对于委托代理关系以及公司治理的影响,设计出适合本土特色的制度,具有重要的理论意义和现实价值。

中国的社会文化和制度环境不同于西方发达国家,中国是一个讲关系、重人情的社会,在中国几千年的历史文化中,"关系"已经渗入中国人的日常生产生活中。尤其在当今经济转型时期,关系已深入人心,成为一种人们相互信任与合作的资源,在人们的经济生活中起着显著的作用。中国的"关系"有着丰富的文化内涵,是中国文化特色在经济生活中最直接和全面的反映,在很大程度上体现着中国人的生活本身,成为反映中国特色的文化特征,被众多学者认为是中国文化主导下的企业从事商业活动的一个基础变量。对"关系"的研究成为国外了解中国社会、研究中国经济管理运行机制的一个突破口(张枢盛等,2013),这一点已经得到学术界的广泛认同,并且使中国的人际关系(简称为"关系")成为学术研究的一个热门课题(庄贵军,2012),并形成了一套"guanxi"理论。

费孝通用"差序格局"来描述中国传统社会的关系现象,他在《乡土中国》中指出 "西洋社会组织像捆柴:他们常由若干人组成一个个的团体,团体是有一定界限的,谁是团体里的人,谁是团体外的人,一定分得清楚","而我们的格局不是一捆捆扎清楚的柴,而像把一块石头丢在水面上所发生的一圈圈推出去的波纹。每个人都是他社会影响所推出去的圈子的中心","在以己为中心的社会关系中,不像团体中的分子立在一个平面上,而是像水的波纹一般,一圈一圈推出去,愈推愈远,也愈推愈薄"。(费孝通,1942)他的这一描述非常形象地概括了中国传统文化、人际关系、社会结构的特点,高度反映了中国社会本质,在国际社会被广泛使用。罗家德(2010)总结了费孝通的差序格局理论,认为中国的差序格局是关系主义的,这既不同于日本的集体主义,也不同于欧美的个体主义。

中国特色的关系文化也嵌入了企业组织中,关系在商业活动中成为企业的一种主要资产(Garten,1998),体现了个人的资产和能力水平,也成为中国管理的一种优势。关系作为一种社会投资(Michailova,Worm,2003),其基于感情的社会交换,会激活一个非正式的经济体制,给人们提供各种生活资源。传统的委托代理关系反映了委托人和代理人的利益关系,也无不反映了二者的社会关系。尤其在中国的文化环境下,行为人之间的关系嵌入对他们的经济行为产生了很深远的影响。

传统的委托代理理论将委托人和代理人都视为经济人,在行动上是完全利己和理性的。然而人都是社会性的动物,人与人之间是有情感的,当情感很深时,会有不计个人得失维护对方利益的利他行为。不同的委托人与代理人之间存在关系嵌入强弱的区别,应该将他们视为社会人置于具体的环境来考察二者在情感上和关系上的联系对委托代理决策和行为的影响。

有学者从中国的本土文化环境出发,将中国特色的社会关系嵌入公司治理领域进行研究,比如公司高管与政府的关联、董事之间的联结、家族成员与非家族成员关系等对公司价值和公司治理的影响。然而目前,从委托人与代理人关系嵌入强弱的角度来研究委托代理冲突的文献还没有,在关系主义和关系信任盛行的中国,这是一个不容忽视的研究命题。本研究正是基于这样的背景,考察差序格局式的关系嵌入委托代理关系中,对委托代理问题会产生怎样的影响。

1.2　研究目的与意义

1.2.1 研究目的

改革开放以来,我国民营企业发展迅速,企业的控制权主要被家族成员或准家族成员掌握,普遍采用家族化或泛家族化的经营模式。郑伯壎等学者发现东南亚一带的华人企业普遍存在家族化的企业治理特征,在台湾,民营企业的主要经营阶层中,具有亲戚关系者占到 90% 以上。朱文杰、李新春等学者也发现中国内地民营企业的管理者职位中,由企业投资者及其亲人或熟人担任的比例非常高,"任人唯亲""任人唯熟"的现象在民营企业中十分普遍。随着民营企业的发展和壮大,家族化治理的局限性日益突出,富不过三代成为大多数民营企业的宿命。不少民营企业开始放开控制权,寻找外部优秀的管理者进入决策层,以期走上现代化管理之路。然而这条路并不平坦,用友软件创始人王文京与职业经理人何经华的"中国式分手"、国美电器的创始人黄光裕与职业经理人陈晓的"黄陈大战"等鲜活的案例,一度影响着人们对企业现代化治理改革的信心。

在中国关系文化盛行的背景下,民营企业如何利用其天然的关系资源,完善公司治理,使企业基业长青呢?基于这样的目的,本研究将民营企业所有者选择经营者的关系嵌入作为研究变量,植入传统的委托代理理论,考察关系嵌入强度对委托代理成本的影响,以期展现当前中国文化背景下,民营企业委托代理问题中关系嵌入的基本情况以及这种关系嵌入对代理成本的影响有多大,为建立中国特色的关系治理理论提供新的证据和思路。

1.2.2 研究意义

1.理论意义

第一,本研究综合了社会学理论和经济学理论,将中国特色的关系文化嵌入委托代理理论进行研究,为委托代理理论的发展提供了新的思路,丰富了公司治理理论。任何理论要发挥作用,需要有其成长的土壤,脱离实际的理论是空想。我国的社会文化环境和制度机制与西方发达国家存在很大的差异,西方优秀的成熟的理论不一定适应中国的环境。本研究为建立适合中国特色的委托代理理论和公司治理理论做了基础性的探索,具有较强的理论价值和意义。

第二,对家族企业和民营企业的理论研究做出了增量贡献。家族化或泛家族化经营模式在民营企业发展过程中有其独特的优势,血缘、亲缘、姻缘等中国式关系的嵌入能降低彼此的信息不对称,增强所有者与经营者的信任,加上亲情、友情、交情等非正式网络结构的约束,为民营企业的经营发展节省了大量的制度约束成本和监督成本。但是这种非正式网络结构的排外现象及自身知识结构的闭合,容易导致较低的管理效率,制约企业的发展。本研究用量化的方法从实证的角度去发现家族企业和民营企业存在的关系问题,科学地展现关系嵌入对委托代理问题的影响,为研究家族企业和民营企业的传承、成长、发展等问题提供基础的数据支持,也为后续研究开阔了视野,具有较强的理论意义。

2.现实意义

第一,为民营经济的发展提供建议和对策。党的十八大和十八届三中全会以来,政府给予了民营经济更优惠和便利的发展条件,很多国有垄断经营的领域都开始向民资开放,民营企业迎来了发展的春天。如何抓住改革和发展的机遇,克服民营企业发展的瓶颈,是发展民营经济的当务之急。本研究从民营企业的公司治理现状出发,考察其关系治理行为的特点和作用,并提出相应的对策,为民营企业的发展提供理论指导。

第二,为完善我国上市公司的治理结构提供经验证据和政策建议。我国上市公司的治理问题层出不穷,是制度本身的问题还是制度环境的问题?本研究通过大量的数据检验了公司治理结构和关系嵌入的制度环境对委托代理成本的影响,得出了有价值的结论和建议,为民营上市公司以及国有上市公司完善关系治理提供了参考,具有较强的现实意义。

1.3 文献综述

关系嵌入、差序格局理论在社会学领域的研究成果非常丰富,代理成本理论则是经济学研究中的经典理论,但从关系嵌入和差序格局的视角来研究委托代理关系和代理成本还处于起步阶段。本节将分别对关系嵌入、差序格局、代理成本的相关理论进行文献梳理和评述。

1.3.1 关系嵌入与差序格局

中国特色的"关系"理论以及西方概念的"嵌入"理论相结合,与Granovetter 提出的"关系嵌入"理论还是有一定区别的,中国特色的关系嵌入是一种差序格局形式。

1. 关系嵌入

中西方学者对"关系"从其定义到内涵已经进行过多方面的研究。很多西方文献中,研究者使用了与"关系"相近的概念,如 relationships(Dunfee,et al.,2001)、net-worked relations(Boisot,et al.,1996)、social capital(Luk,et al.,2008)、social connections(Gu,et al.,2008)、managerial ties(Park,et al.,2001)、reciprocal obligations(Lee,et al.,2007)等,都只反映了中国关系含义的某个方面,不能准确表达中国人的"关系"含义。为此,西方学者就用关系的汉语拼音 guanxi 以斜体方式表示中国概念的关系。

在西方,学者们对 guanxi 的定义不一,Jacobs(1979)将 guanxi 定义为人与人之间直接的特殊联系。Tsui 等(1997)区分了"relational demography"与"guanxi",将 guanxi 定义为两个或更多个体之间产生的相互联系。Yeung 等(1996)、Luo(2001)、Standifird(2006)等认为 guanxi 本身是一种特殊的资源,有了 guanxi 就意味着获得了某方面的资源或资本。虽然西方学者对 guanxi 定义的具体内容不同,但本质是一致的。综合起来,guanxi 是具有中国文化特色的能产生特殊效用的人际关系,它能充分利用相互的资源促进人与人之间的互惠。因此,中国特色的 guanxi,就是人与人之间产生的互惠效用的关系网络的总和。

在中国,在字面意义上,"关"指门或者障碍,"系"指连接,合起来,"关系"指通过门或者克服障碍来取得联系。广义地讲,关系就是个人间的一种联系,这种联系看重的是网络、信任、承诺、好处,尤其是共同的、互惠的和长期的收益(张枢盛等,2013)。边燕杰等(2013)将中国文化条件下的"关系"定义为行动者之间特殊主义的、带有情感色彩的、具有人情交换功能的社会纽带。总之,在现实社会的实际活动中,关系是通过交往而形成的人与人之间的一种心理联系和相应的行为表现,也即人际关系或私人关系(庄贵军,2012)。

最先提出"嵌入"概念的是 Polanyi,他认为经济作为一个制度过程是嵌在经济和非经济制度之中的。Granovetter(1985)创造性地重塑了"嵌入性"概念,将 Polanyi 的双边宏观联系的嵌入性内涵推广到多边联系的嵌入性内涵,将社会关系纳入经济行为分析当中,成为嵌入性理论研究的新里程碑。Uzzi(1997)进一步强调了社会关系、家庭关系等因素对人们社会行为的影响,当一个"ties"(联结)的社会关系影响到企业的经济活动时,"嵌入"就存在了,且"ties"之间的相互作用主要不是由经济利益驱动的,而是基于个人的关系、社会资本等长期的联结驱动。嵌入性概念具有历史的意味,李时敏(2013)认为"嵌入"具有路径依赖的发展过程,"嵌入"作为一个人类行为的活动过程,并不是由单一原子化的个体行动者实现的,而是某个个体的行动或事件发生于一定背景中,由众多相互联系的个体行动者结成的,表明其作为认知主体与单个他人的互动关系或多个他人的群体互动关系紧密相关,因此可以认为,"嵌入"是指微观的个体行为植入某种背景或环境之中。

Granovetter(1992)将嵌入分为关系嵌入和结构嵌入。关系嵌入是指个体的经济行为嵌入个体之间互动的关系网络中,描述了网络中人际社会二元关系的结构和特征(如关系亲密度和关系质量等)。结构嵌入是指个体的经济行为嵌入所在的社会网络中,是对个体行为嵌入所有个体关系构成的各种网络的总体结构描述。关系嵌入是对嵌入网络的微观解构,而结构嵌入是对嵌入网络的中观解构(陈仕华等,2011)。Burt(1980)把关系嵌入性研究社会网络归纳为行为人之间的关系强度,研究的是强连带和弱连带;结构嵌入性则解释系统内某一行为人位置的关系模式。Uzzi(1997)认为,关系嵌入是指关系要素之间相互联系的二元交易关系问题,强调直接联结作为交换优质信息的机制所起的作用。Lin(2006)认为关系嵌入组织的社会资本在战略资源交换中可以降低交易成本,而结构嵌入产生的社会资本可以减少协作困难。李时敏等(2013)指出,关系嵌入是指个体在与其他个体交往(交易)过程中,形成个体之间互动的心理认同,并将其对对方的认知嵌入彼此的互动行为中,关系嵌入的心理认同强调以交易双方之间的相互理解、彼此信任、履行义务和实施承诺为基础,受信息传递的质量与沟通范围的影响。

2.差序格局

1947年,费孝通在《乡土中国》中首次提出"差序格局"这一术语,对中国传统文化、人际关系、社会结构的特点进行了形象的概况,高度反映了中国社会本质,在国际社会被广泛使用。在《乡土中国》中,他指出"在以己为中心的社会关系中,不像团体中的分子立在一个平面上,而是像水的波纹一般,一圈一圈推出去,愈推愈远,也愈推愈薄",这就是差序格局。黄光国(1985、1986)则延伸了费孝通之意,指出中国人的差序格局由内而外有三层关系,而且每一层都适用了不同的交换规范,分别是情感性关系、工具性关系和两者皆有的混合性关系,或称为家人、熟人和生人,其互动规范分别适用需求法则、人情法则和公平法则。杨国枢(1993)也强调"关系"的强度是由家人、熟人到生人循序而降的。

在中国,信任是一种关系信任,主要受到血缘、亲缘、姻缘、地缘、业缘、学缘等关系的影响,所以中国人的信任是以血缘为基础包括许多拟亲人员在内泛化而开的关系信任,这意味着关系越亲密就越容易产生合作,关系越远就越容易被排斥,越容易产生不信任的心理倾向(梁立新,2012)。杨国枢(1993)、Tsui等(1997)按家人—熟人—生人排列中国关系,家人指家庭成员,熟人包括邻居、朋友、同学等关系,生人指陌生人。还有一些学者把"关系"网络分为圈内人和圈外人。

在中国的文化背景下,关系强弱划分具有天然的依据:具有血缘关系的亲人强于一般的老乡、同学、朋友等熟人关系,而熟人关系又强于没有人情往来的外人关系。相对而言,在不同关系对象间进行社会交往,其信任的程度和交往的成本也是不同的:外人关系的信任度最低,其交往成本最高;熟人关系次之;亲人和家属关系的信任度最高,交往的成本也最低。中国人倾向于把"自己人"的范围不断向外扩展,当一个人被另一个人视为"自己人"时,就意味着他们之间有了某种责任性或情感性的联系,在他们打交道时,往往按照家人的原则来对待(庄贵军,2012)。

罗家德(2010)认为中国人是差序格局的,是关系主义的,这既不同于日本的集体主义，也不同于欧美的个体主义；儒家文化强调的是"亲亲有等级"的差序格局，所以只有被认为是"亲"的小圈子才需要符合不讲利、只讲仁义的互动原则；中国人是以自我为中心发展出一层一层由内向外"仁义相交"的圈圈的。庄贵军（2012）指出中国人倾向于把"自己人"的范围不断向外扩展，构建一个"以己为中心"由近及远的"差序格局"或关系网络——离自己越近，感情就越深；当一个人被另一个人视为"自己人"时，就意味着他们之间有了某种责任性或情感性的联系，在他们打交道时，需要按照家人的原则来对待。

1.3.2 代理成本的影响因素与治理

国内外许多学者从公司治理的内部和外部环境对代理成本的影响因素进行了研究，得出了很多重要的结论。

1.公司内部治理要素对代理成本的影响

在大股东的影响上，Anderson、Mansi 和 Reeb（2003）认为家族企业的股东比其他公司类型的股东更关注企业未来的长期发展，他们并不完全看重自身利益最大化，而更看重企业整体价值的最大化，这一点使得家族股东与债权人之间的冲突相对较少，股东与债权人之间的代理成本也较低。Bebchuk等（1999）以及 Wolfenzon（1999）的研究发现，当大股东只有一个时，其掠夺外部中小投资者的概率非常高，大股东及其控制的管理层通过企业内部之间的交易以及转移资产等行为掠夺公司财富，损害其他中小股东的利益。Khanana（2002）、Betrand 等（2002）、Johnson 等（2000）以及 Dyck 和 Zingales（2004）的研究也发现上市公司的大股东对中小股东利益的侵占和掠夺随着两权分离程度的增大而增强，必须对控股股东进行约束。曾庆生和陈信元（2006）发现最终控股权的性质对股权代理成本具有显著的影响。郝辰等（2009）、陈建林等（2009）、吕景胜等（2010）一致发现第一大股东持股比例越高，股权越集中，对代理成本的降低越有利。余明桂等（2004，2007）通过研究发现，关联交易在有控股股东的上市公司显著高于没有控股股东控制的公司，且关联交易数量随着控股股东持股比例的增大而增加，上市公司控股股东通过关联交易转移公司资源以实现自身利益的最大化，但侵害了中小股东利益。杜晓晗等（2012）发现国有控股公司存在更高的控制权私利水平，但随着企业成长能力的提高，民营企业的控制权私利比国有控股公司增长更快;股权制衡度对控制权私利水平有抑制作用。曹裕(2014)发现控股股东偏好现金股利的倾向在高产品市场竞争的环境下更加显著,控股股东要求支付更多现金股利的倾向随产品市场竞争程度的增加而增加。

在董事会的影响上,Ryan 和 Wiggins(2004)发现,外部董事比例越高,股票报酬在董事津贴中的比例也就越高;当 CEO 有掏空公司的动机或两职兼任时,现金在董事津贴中的比例更高。曾庆生和陈信元(2006)发现董事会的独立性对公司权益代理成本几乎没有影响,终极控股权性质对权益代理成本产生了显著影响。肖作平和陈德胜(2006)发现董事会规模与代理成本呈正相关,独立董事和债务融资不能有效地控制代理成本。李明辉(2009)研究发现,董事会开会次数与代理成本呈正向显著关联,与代理效率呈负向显著关联,表明董事会开会次数越多,股权代理成本越高,董事会独立性越高,股权代理成本越低。还有些学者如郝辰等(2009)、陈建林等(2009)通过实证检验没有发现董事会规模、独立董事比例对代理成本的显著作用。高明华等(2014)研究发现董事会治理水平与代理成本呈显著负相关,高水平的董事会治理能有效抑制管理层的利益侵占行为,其中,合理的董事激励与约束机制能够对代理成本起到直接的抑制作用,非国有控股公司董事会治理对代理成本的抑制作用更为有效,而在国有控股公司中,代理成本与董事会治理关系并不明确,完善董事会结构的投入反而增加了代理成本。

在经营层的影响上,Depken 等(2006)研究发现在美国上市公司中,经理层的薪酬水平与代理成本呈正相关关系,而 Firth(2008)等的研究结论则相反,认为管理者的薪酬水平与代理成本呈显著负相关关系。高管持股可以减少其与委托人的利益冲突(Jensen,Meckling,1976;Simunic 等,1987;Sung 等,1994;Singh 等,2003;Broussard 等,2004;高雷等,2011)。肖作平和陈德胜(2006)发现管理者持股与代理成本之间的关系并不显著。陈冬华等(2010)将在职消费隐性契约的特点纳入契约成本的分析中,发现在市场化指数高的年份和地区,货币薪酬和在职消费绝对量均为更多,但货币薪酬契约更多地代替了在职消费契约。权小锋等(2010)发现国有企业高管的权力越大,其获取的私有收益越高,但中央政府控制的国有企业高管偏好隐性的非货币性私有收益,而地方政府控制的国有企业高管更偏好显性的货币性私有收益,随着权力增长,管理层会倾向利用盈余操纵获取绩效薪酬。黄福广等(2011)发现国有上市公司的高管薪酬越高,代理成本越低;而民营上市公司高管的薪酬对代理成本的影响不怎么显著。谢德仁等(2012)发现在国有控股上市公司中,经理人兼任薪酬委员会委员的企业相对于不兼任的企业,其经理人报酬—业绩敏感度显著更高。陈家田、唐德善(2014)综述了委托代理问题对家族企业CEO薪酬的影响。

2.公司基本特征的影响

从负债结构来看,Bamea、Haugen和Senbet(1981)分析了债权人与股东之间的代理成本问题。公司的短期债务越多,还本付息的压力越大,债权人与股东之间的债务代理成本越低;公司的长期债务越多,控股股东的资产替代倾向越强,债权人与股东之间的代理成本越高。Grossman和Hart(1982)发现负债融资会促使管理者更加努力工作,减少个人在职消费行为,更多地按股东的意愿行事,缓和管理者与股东之间的利益冲突。周军和陈耿(2004)提出负债可以降低股权代理成本,但会引发一种新的代理成本——债权代理成本,且债务结构、债务期限、债务类型都能影响债权代理成本。李寿喜(2007)通过研究认为债权代理成本与资产负债率显著正相关,卢闯(2011)发现盈余质量显著影响上市公司事前和事后的债务代理成本。陈建林等(2009)研究结果发现,对全体上市公司而言,流动负债比例与代理成本呈负相关,资产负债率与代理成本呈正相关。介迎疆等(2014)发现每股收益和现金营运指数与代理成本呈显著负相关关系;独立董事比例和公司规模是对激励条件松紧度影响比较大的内生约束因素。彭桃英等(2014)认为内部控制质量越高,媒体对公司的报道数量越多,公司管理层代理成本越低。

3.公司外部治理环境的影响

从信息披露制度上看,Yu F(2005)研究发现信息披露质量高的企业享有较低的债务代理成本。Bushman、Smith(2003)研究发现增加信息披露可以降低公司内部人与外部人的信息不对称,从而增加外部人对管理者的监督,减少管理者道德风险的发生。Piot(2001)选择高投资机会公司的财务杠杆(长期负债与总资产的比率)来计量负债代理成本,发现高投资机会公司的财务杠杆与高质量审计需求呈正相关。Dunn等(2004)、洪金明等(2011)、谢盛纹(2011)认为作为外部治理机制的审计是公司信息披露质量的重要保证,也能够缓解代理问题,对中小投资者起到保护作用。信息披露质量越高的公司会减少控股股东的资金占用并且倾向于选择高质量的审计师,高质量审计师也能够起到降低控股股东资金占用的效果。朱志标等(2010)证明了债务代理成本与信息披露质量之间存在显著的负相关关系。罗炜等(2010)发现股东与管理者之间的代理成本越高,管理者自愿披露经营活动相关现金支出的可能性就越小,披露涉及的项目也越少,且披露金额占总支出的比例也越小。

从外部独立审计的角度看,Blackwell 等(1998)发现,购买了审计服务的小型企业,其获得的银行贷款利率显著低于未经审计的企业。李海燕(2008)认为独立审计是降低债务代理成本的机制,可以起到保护债权人的作用。高质量审计能给债权人更好的保护。

从外部发展环境看,Rajan 和 Zingales(1998)认为金融发展能够减少代理问题,降低代理成本,提高公司资本投资效率。杨汉明等(2014)认为金融发展影响股权代理成本与公司过度投资的正相关关系。La Porta 等(1998)、Coffee(2000)、Johnson 等(2000)、周方召等(2011)强调了法律体系在保护中小投资者方面的作用。还有学者如 Rachel Griffith(2006)、Jen Baggs(2007)、Antonio 等(2009)、姜付秀等(2009)、陈红等(2014)发现市场竞争能显著降低代理成本。戴亦一等(2016)以 2008—2014 年 A 股上市公司为研究样本实证检验了方言一致性对公司代理成本的影响,结果发现,董事长和总经理的方言一致性能够显著降低代理成本,而且一种方言的使用地域范围越窄,这种作用越显著。

4.代理成本的治理

对于代理成本的治理,国内外学者根据自己的研究提出了很多意见。Fama 和 Jensen(1983)认为在两权分离的公司所有制下,由经营者来制定决策,交由股东进行决策的评估和修正,再交给经营者执行,这样的机制可以有效缓解委托代理问题。通过外部并购也有助于解决委托代理问题,外部并购将伴随着经营者的更换,迫使经营者努力经营,维护股东利益,缓解委托代理冲突。Jensen 于 1986 年首先提出了“自由现金流”的概念,自由现金流越多,经营者的决策控制权越大,越可能动用自由现金流谋取私利。股东对自由现金流进行监控,回收自由现金流,可以抑制经营者的自利倾向。随着自由现金流的减少,股东与经营者之间的委托代理冲突得以缓解,从而降低代理成本,提高股东价值。La Porta 等(2000)发现,股利政策可以缓解大股东与中小股东的利益冲突,当中小投资者要求发放现金股利时,股利可以更显著地缓解大股东与中小股东的代理冲突,尤其是在投资者保护制度比较完善的国家,股利支付率普遍较高。Faccio 等(2001)的研究也证明了同样的理论,在立法保护强的地区,公司支付的股利比其他地区都高一些,发放股利可以作为保护中小投资者利益的手段。

我国学者高雷等(2007)认为:提高市场化进程和法律对投资者的保护水平有利于减少代理成本;一股独大和集中的股权结构能显著减少代理成本,大董事会和独立董事有利于减少代理成本。徐慧玲(2011)研究表明,为保护投资者利益,应对控股股东和经理人的违规操作进行严厉惩罚,降低投资者的监督稽查成本,健全上市公司的治理机制。杨海燕等(2012)提出,对中小投资者来说,观察公司前十大流通股东中独立机构持股比例和非独立机构持股比例,有利于正确评估公司的治理状况,减少投资风险;应尽可能创造有利条件,放宽对独立机构投资者持股比例的限制,降低股权代理成本和控股股东代理成本。杨汉明等(2014)发现,金融发展调节了股权代理成本与公司过度投资之间的关系,在上市公司拥有过多自由现金流的情况下,金融发展能减弱股权代理成本与过度投资的正相关关系。彭桃英等(2014)发现:媒体监督与内部控制质量具有降低管理层代理成本的作用;不同性质的媒体报道对不同产权背景下企业的监督治理作用不同;同时,媒体监督与内部控制质量具有互补关系,二者的整合治理能更有效地降低管理层代理成本,保护相关者利益。介迎疆等(2014)认为,在设置股权激励条件时应重点选取每股收益和现金营运指数这两个指标,并重点考虑独立董事比例和公司规模这两个因素的影响作用,以降低股权代理成本。

1.3.3 关系嵌入对代理成本的影响研究

国内外学者从关系嵌入的不同形式研究了其对企业代理成本的影响,主要的研究热点是政治关联、董事联结、个人关系、社会关系等方面。

1.政治关联

政治关联是嵌在行为人之间的一种特殊资源,Faccio 等(2006)指出,政治关联能够通过融资约束缓解、宽松管制等传导途径来提高公司业绩,Goldman 等(2008)、Francis 等(2009)也证明了政治关联的这种作用。这些积极作用还体现在获得税收优惠(Adhikari,et al.,2006;吴文锋等,2009)、融资优惠(Francis,et al.,2009;李维安等 2015;杨星等,2016)、提高公司业绩和价值(Boubakri,et al.,2012;Schoenherr,et al.,2015;唐松等,2014),以及技术创新(许玲玲等,2017)等方面。邢春玉等(2016)认为除家族企业外,高水平的内部控制能够抑制政治关联导致的企业过度投资行为。马丽华等(2017)实证研究表明,政治关联民营企业比非关联企业持有相对较少的现金,而且民营企业的政治关联程度越高,现金持有水平越低。周霖等(2018)发现有政治关联的企业更容易吸引风险投资,其也更愿意进行慈善捐赠。

但还有些学者如 Boubakri 等(2008)认为政治关联在为公司提供政策支持的同时,可能通过干预的方式实现对公司的利益掠夺,或者从政治关联中向公司寻取"租金",导致其粉饰财务报表。类似的研究表明政治关联可能对公司业绩产生不利影响(Faccio,et al.,2006;GeertBraam,et al.,2015;李黎等,2015;邢春玉等,2016),降低研发投入(任曙明等,2017),提高盈余管理水平(陈克兢等,2016)。

2.董事联结

董事与董事之间以及董事与外部网络之间的关系嵌入对企业代理成本有一定的影响。Hallock(1997)首次检验了董事互惠连锁对 CEO 薪酬的影响,David 等(2005)在扩大样本和董事网络指标的基础上进一步考察了连锁董事对 CEO 薪酬的影响。Cai 等(2011)将上述关系网络扩展至校缘、业缘以及业余活动,分析了社会网络对交易成本、并购等方面的影响。Chikh 等(2011)发现由于法国精英学校的校友关系及董事连带产生的社会网络,拥有较强网络关系的 CEO 更可能完成并购决策,即使这一决策对市场来说是负向的反应。Larcker 等(2011)认为董事联结关系诸如校友关系、血缘关系、职业关系以及董事任职关系等错综复杂的网络关系,必然会影响董事自身的公司治理行为。Nguyen(2012)指出,与 CEO 有社会联系的董事对 CEO 更加宽容,当企业业绩变差时,精英社会圈的关系使得 CEO 免于受到批评和惩罚,从而削弱董事会的监督效力。Bruynseels 等(2013)从 CEO 与审计委员的关系考察了审计委员会的监督职能。

陈运森(2012)认为,公司独立董事网络中心度越高,管理层与股东的第一类代理问题及大股东与中小股东的第二类代理问题都越低,但公司的产权背景会削弱这种作用的发挥;进一步地,独立董事网络中心度越高,公司资产运营越有效率,即代理效率越高。李成等(2016)研究发现,董事会内部联结显著正向影响企业税收规避程度,但是影响力度随着税收规避激进程度的提升而有所减弱。董事会内部联结对于企业避税活动的这种适度监管显著提升了企业价值。还有很多学者基于董事联结的视角研究了其对委托代理的作用,如冯延超(2012)、赵峰(2012)、刘慧龙等(2010)、陈银博(2012)、邓建平等(2009)、张广宁等(2011)、李维安等(2010,2012,2014)、邓新明等(2014)。陈运森(2012,2014)、陈仕华等(2012,2013)、李维安等(2014)、晏国菀等(2017)则研究了董事联结和董事网络对企业并购、审计质量、高管激励与投资效率的影响。

3.个人关系和社会关系

企业的社会关系能够影响企业的经营行为,Redding(1991)指出,在一个缺乏稳定的商业交易法律等制度的环境中,非正式的、人际的联系尤其重要,这些非正式的人际关系网络是企业竞争优势的重要来源。Grandori(1995)提出建立在家族企业关系契约基础上的系统柔性超越了任何正式的契约,是家族企业保持竞争优势的关键要素。McEvily 和 Zaheer(1999)认为,企业间保持弱联结关系将更有助于创新资源和企业竞争能力的获取。Moran P(2005)从社会网络的结构嵌入和关系嵌入两个角度研究经理人社会资本对公司绩效的影响,两者从不同角度影响公司业绩。Peng 和 Luo(2000)给出了"network based strategy"(关系基础策略)的概念来描述企业主高管层关系网络的重要性。Seung-Ho Park 等(2001)具体探讨了"关系"对公司绩效的影响。一般说来,关系给公司带来较高的绩效,但仅限于销售量增长、公司市场扩张和竞争地位巩固,而对利润和内部运营没有促进作用。Leung 等(2011)认为跨国公司经理在华要取得谈判的胜利,要在面子和送礼上下功夫,先建立人情关系,再加强感情联系,变成老朋友以加强彼此信任。Barnes 等(2011)认为关系的三个方面(感情、人情、信任)决定了合作和协调,进而导致业绩的改善。而 Gilsing 和 Duysters(2008)认为强弱关系与企业绩效之间的具体作用机理与网络类型有关,受到网络结构的调节作用。Chung 等(2012)检验了社会关系嵌入在新兴市场国家企业传承中的作用,认为家族和内部传承人员可以获得更多的网络资源。

赵祥(2008)发现由兄弟姐妹、亲戚、朋友和同乡组成的强关系网络在集群企业的技术活动中扮演了非常重要的角色,同时集群企业在解决自身技术问题时对强关系网络的过分依赖不利于企业的技术升级和创新,从而在一定程度上加剧了企业集群的技术锁定状态。周生春等(2008)认为在社会资本治理模式下,家族企业应对企业内部和企业外部采取不同的委托代理安排。在企业内部,对于家族经理人员要用"价值观治理"来代替个体的"权威治理";对于非家族经理人员,通过泛家族化构建委托人与代理人之间的长期信任。在企业外部,应当通过扩展的家族企业网络来降低代理成本,提高组织的交易效率。蒋神州等(2011)研究了在关系差序偏好的作用下,随着关系结构的强弱变化,CEO掏空企业的形式或掏空的程度会有所不同;董事长变更会导致关系格局发生改变,加剧资金占用。李婧等(2010)、连燕玲等(2012)认为,CEO与控制性股东之间的亲缘关系会影响企业的创新能力,这是解释家族企业治理效率的重要理论依据之一。刘诚等(2013)根据独立董事与CEO之间是否存在社会关系,区分了名义独立董事与实际独立董事,并基于CEO被迫离职,考察了独立董事的监督功能。刘晓霞等(2013a,2013b,2016)研究了实际控制人和总经理的关系强弱对委托代理成本和代理效率的影响。

1.3.4 文献评述

本章综述了关系、嵌入、差序格局和代理成本的相关文献,它们在各自的领域都有成熟和一致的观点,形成了一套理论体系。关系嵌入与差序格局在中国相得益彰,相融贯通,在研究中国问题上都有应用。代理成本理论经过国内外学者近百年的探索,也结出了丰硕的果实。然而,研究中国特殊文化背景下的关系嵌入与差序格局治理模式对代理成本的影响的文献屈指可数,尚有很大的探索空间。对于前期文献的评述,本书总结为如下几个方面:

1. 理论研究深入,规范性研究取得了很大的成就

关系嵌入、差序格局、代理成本理论自20世纪30年代以来取得了很大的成就,Granovetter、费孝通、Jensen和Meckling等著名学者成为这些领域的奠基人,且后继有人,热闹非凡,在社会学领域和公司治理领域独树一帜,影响非凡。

在关系的研究上,以中国现象的"关系"为典型代表,吸引了大批国内外学者。代表中国关系含义的 *guanxi* 成为国际上普遍认可的学术名词,并广泛运用到了社会学和其他学科的研究领域。学者们从关系的概念内涵及其分类、特征和规范、中外关系的比较、关系的测度、关系在企业研究中的理论和实践应用等方面进行了很多的研究,形成了一套关系理论。费孝通的差序格局理论很贴切地表达了中国社会的关系特点,基本上成了中国关系的表现形式。关系不仅存在于个体之间,在组织之间也广泛存在。关系对企业组织的行为、营销、业绩的影响又是国内外学者研究的热点。尤其对中国情境下的关系,不仅研究得非常透彻,表达得非常准确,而且具有中国特色,给关系治理的研究奠定了重要的基础。

在代理成本的研究上,Jensen 和 Meckling 提出了"代理成本"的概念,从而给委托代理冲突提供了一个较好的衡量视角。后继学者在代理成本的分类、测度、影响因素及其治理上下足了功夫,代理成本理论深入人心。随着研究的深入和细化,代理成本的研究在股东与经营者、大股东与小股东,以及股东与债权人之间的理论和实证研究也出现了分化。众多学者从不同学科的角度进行了交叉研究,从关系嵌入的角度来研究人与人、人与组织的关系对委托代理冲突的影响成了新的研究方向,突破了传统的经济人假设,将贴近现实的社会人引入理论模型中,开拓了新的研究视野。

2.实证研究数量上升,结论不一

基于委托代理理论的代理成本成为很多实证方法的研究对象,尤其是近年来,实证数量和质量有很大的提升。国内外学者从不同的国别和影响因素上研究企业的代理成本。大量的研究都证实了公司治理结构和公司基本特征对代理成本有很大的影响,公司治理越规范,代理成本越小。国内的很多学者也从不同的角度分析了影响代理成本的因素,比如董事会规模,独立董事比例,监事会特征,管理层的薪酬和持股情况,以及公司基本特征、行业、地域等因素。但是实证结论不一,尤其是在大股东与中小股东的代理成本和股东与债权人的代理成本的实证分析上,结论还存在较大的差异。研究者采取的指标和数据来源的真实可靠性都存在一定的问题,实证的方法也不是很规范,所以实证的结论不一,创新点不足。

3.从关系嵌入角度来研究代理成本的视角新颖,研究有待深入

国内外已有学者从关系嵌入角度研究嵌入对企业的合作行为、经济绩效、市场竞争优势的作用,但大部分研究结论缺乏足够的实证支持,尤其是大样本的定量分析。从关系嵌入的角度来研究代理成本视角新颖且独特,目前国内外的研究主要集中在企业外部网络的关系嵌入方面,如政治关联、董事联结等方面,从企业内部的关系嵌入角度来研究代理成本问题的文献很少,研究的方法还有待创新,研究的结论还有待突破。

从我国来看,关系嵌入性相关研究起步较晚,大多数研究局限于国外研究成果的简单整合,针对中国企业实践的实证分析还很缺乏。近年来掀起的政治关联研究热潮,也得到了实证数据的支撑,但大多数研究属于重复劳动,在研究方法、研究视角上还有待创新。从企业内部网络的关系嵌入上研究代理成本的文献非常少,只有几篇,研究的结论也存在较大的差异。这方面的研究对于我国学者来说既是挑战也是机会,需要研究者更多的尝试和探索。

1.4　研究思路与研究方法

1.4.1 研究思路

图 1-1 描述了本书的研究思路。

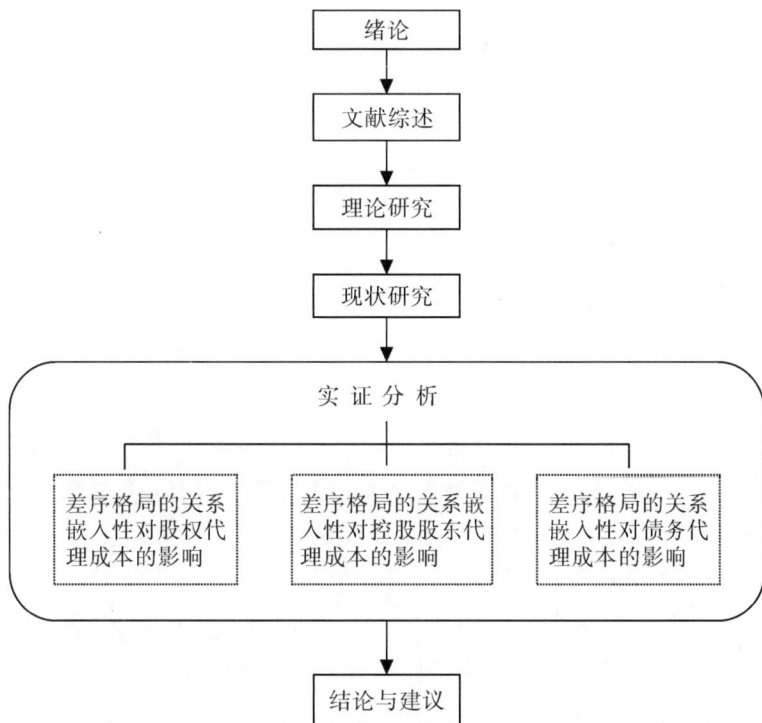

图 1-1　研究框架

本研究首先对关系嵌入、差序格局、委托代理等相关理论进行文献梳理和评述,详细解读关系嵌入与代理成本理论,并将二者融合,提出基于差序格局的关系嵌入对代理成本的影响机制,构建理论模型,指导后续研究。然后对中国民营上市公司大股东与经营者的关系嵌入现状进行描述,并从股东与经营者的股权代理成本、大股东与中小股东的大股东代理成本,以及股东与债权人的债务代理成本三个角度进行实证分析,重点研究差序格局的关系嵌入形式对三类委托代理成本的影响。最后得出相应的结论,并提出相应的政策建议。

1.4.2 研究方法

本研究将理论研究和实证研究方法相结合,综合运用关系嵌入理论、委托代理理论、公司治理理论等社会学和经济学理论,提出基于差序格局的关系嵌入对代理成本影响的机制和理论模型,并通过大量数据的搜集和整理,实证分析关系嵌入对三类代理成本的影响。

(1)在理论研究阶段,主要采用文献分析法和演绎法,构建差序格局、关系嵌入、民营企业委托代理关系和公司治理模式的理论分析框架,用模型构建法设计出理论模型,阐释关系嵌入对委托代理行为和代理成本的影响。

(2)在数据搜集、整理以及加工阶段,从万德(Wind)数据库、国泰安(CSMAR)数据库、锐思(RESSET)数据库获取 2007—2012 年深圳和上海两个证券交易所上市的民营上市公司的基本特征、公司治理特征、财务特征、实际控制人简历、高管简历等数据。通过数据库下载的行为人信息,再利用新浪财经提供的年报信息、高管简历信息,以及百度等搜索引擎工具,手工收集整理民营上市公司实际控制人、总经理的籍贯、任职时间、年龄、学历、性别等个人信息,并通过关系的分类方法对实际控制人和总经理的关系类型进行判断和分类,获得了差序格局和关系嵌入的原始数据。

(3)在数据分析阶段,分年度、分行业、分地区,对上市公司实际控制人与总经理关系嵌入进行详细分析,并从总经理的学历、年龄、性别等个人特征进行分析,全面刻画这种差序格局的关系嵌入现状。

(4)在实证分析阶段,分别对三类代理成本建立实证模型,采用描述性统计分析、相关性分析、固定效应分析、随机效应分析、混合效应分析、Hausman 检验、异方差检验、D-W 检验、内生性检验等计量方法来检验理论假设和实证模型。所运用的分析软件有 Excel 2007、State 13.0、EViews 8.0 以及 SPSS 18.0。

1.5　研究内容

本书一共由 10 章内容构成。

第 1 章绪论。本章从当前国内外对委托代理和公司治理问题研究的制度环境入手,分析中国特殊的文化环境,界定本研究的主题,阐述研究意义与目的;然后对关系嵌入与差序格局的概念和含义、代理成本的影响因素以及关系嵌入对代理成本的影响进行了文献综述;再介绍了全书的研究思路和研究方法;最后指出本研究可能的创新之处。

第 2 章研究代理成本理论。本章首先介绍了代理成本的含义和研究缘起,然后介绍了代理成本产生的原因,最后对代理成本进行了分类,从而为本研究建立基本的概念框架和理论基础。

第 3 章研究关系嵌入和差序格局理论。本章介绍了关系嵌入的含义、强度以及差序格局的定义、特点、识别和判断,界定了本研究最核心的影响变量的基本概念以及量化方法,为后续的实证研究奠定基础。

第 4 章研究民营企业委托代理关系与治理模式。本章介绍了民营企业委托代理关系的特点、关系治理模式和契约治理模式。

第 5 章是理论模型研究。本章首先对民营企业用人机制的关系嵌入进行了理论分析,然后针对大股东选择经营者差序格局的关系嵌入对三类委托代理成本的影响机制进行分析,最后构建关系嵌入影响代理成本的理论模型。

第 6 章对民营上市公司大股东与总经理的关系嵌入现状进行样本数据统计和分析。本章分别从样本的统计年份、所属行业、所属省份和地域分析样本关系嵌入四个类型的分布情况,然后从总经理的性别、年龄、学历三个基本的维度考察了关系嵌入的分布情况,再按实际控制人是否在当地注册企业来看大股东与总经理的关系嵌入区别,从而多角度刻画了民营上市公司大股东与经营者差序格局的关系嵌入现状。

第 7 章研究差序格局的关系嵌入对股权代理成本的影响。本章采用第 6 章获得的民营上市公司各项数据,提出理论假设,构建实证模型,利用 EViews 软件和 Excel 软件,用多元回归分析方法实证分析实际控制人与总经理的关系嵌入类型和强度对二者的委托代理成本和代理效率的影响,得出相应的结论。

第 8 章研究差序格局的关系嵌入对大股东代理成本的影响。本章采用第 6 章获取的民营上市公司各项数据,提出理论假设,构建实证模型,利用 Stata 将非平衡面板数据进行平衡处理,实证分析实际控制人与总经理的关系嵌入类型和强度对大股东与中小股东之间的委托代理成本的影响,得出相应的结论。

第 9 章研究差序格局的关系嵌入对债务代理成本的影响。本章采用第 6 章获取的民营上市公司各项数据,提出理论假设,构建实证模型,利用 Stata 将非平衡面板数据进行平衡处理,实证分析实际控制人与总经理的关系嵌入类型和强度对股东与债权人之间的委托代理成本的影响,得出相应的结论。

第 10 章,总结与展望。本章对本研究的主要结论进行总结,提出相应的政策建议;分析本研究存在的局限性,并提出未来研究的方向。

1.6　创新之处

本研究在全面梳理关系嵌入和代理成本的相关理论和实证研究的基础上,提出了基于差序格局的关系嵌入对代理成本的影响机制和理论模型,并从三类代理成本的角度进行了实证检验,为关系嵌入与公司治理问题的融合提供经验证据。本研究可能的创新点如下:

(1)从研究的视角上看,本研究从关系嵌入的角度来研究代理成本问题,将社会学的理论融入公司治理理论,从现实的文化环境来考察关系嵌入对委托代理成本的影响,对研究关系嵌入与公司治理的融合做出了增量贡献。中国的公司治理是由注重关系和关系信任的中国人实施的,这种社会人假设比经济人假设更符合中国社会现实,本研究从关注关系文化的角度为公司治理的本土化开辟了新的研究思路。

(2)从研究的方法上看,以往的研究一般采用问卷调查的方法获得关系嵌入的强度数据。本研究首次利用大数据的方法,以民营上市公司为样本,搜集实际控制人和总经理的关系嵌入类型,将他们的关系嵌入呈差序格局分成四类,然后以定序变量和哑变量的方式来检验关系嵌入的强度对代理成本的影响,拓宽了传统的以有限样本问卷调查获取关系数据的方式,为社会关系的量化在大样本上的研究提供了新的路径。

（3）从理论研究上看，本研究从不同阶段分析了民营企业委托代理关系的特点，提出了民营企业契约治理和关系治理协同治理的模式，并提出了关系嵌入对民营企业代理成本影响的理论模型，得出了新的结论，充实了民营企业公司治理理论研究。

（4）从实证研究上看，本研究通过实证分析得出了关系嵌入对三类代理成本的影响程度，并提出通过观察主要利益相关者的关系嵌入类型和强弱来观察委托代理冲突，为上市公司决策层、投资者、其他利益相关者以及监管层从民营企业实际控制人和经营者关系嵌入角度分析委托代理行为提供了新的思路。

（5）从研究结论看，股权代理成本随着差序格局递增，熟人和外人总经理显著提高了股权代理成本。大股东代理成本随着实际控制人与总经理关系嵌入的差序格局递减，实际控制人亲自担任经营者对中小股东的利益侵占最直接、最突出。差序格局对债务代理成本的影响并不显著。基于差序格局的关系嵌入对大股东代理成本的作用最明显，这说明在讲究关系文化的中国制度环境下，容易产生更严重的大股东与中小股东代理冲突。这些结论为研究委托代理冲突和代理成本问题提供了新的成果支撑。

第 2 章

代理成本理论

2.1 代理成本的研究缘起与含义

2.1.1 代理成本的研究缘起

代理问题(agency problem)是由于代理人的目标要求与委托人的目标要求的主题不相同,再加上信息的不对称,代理人可能偏离主要委托人目标函数而委托人难以观察和监督,因此代理损害了委托人利益的现象,也被称为委托代理问题。

在亚当·斯密(Adam Smith)《国富论》所描述的最早的委托代理关系中,股份公司的股东不同于私人合伙伙伴,因为私人合伙伙伴大多以钱为中心,用钱有计划。可是作为股份有限公司的股东,他们很难像私人合伙公司合伙人那样,能够时刻明确自己钱财去向,很难像他们那样对钱财用途精打细算。他们对经济问题比较粗枝大叶,这是他们经营中难以避免的问题。凡属从事国外贸易的股份公司,总是竞争不过私人的经营者。所以,股份公司没有取得专营的特权,成功的反而少,即使取得了专营权,成功的同样也不多见。这是关于代理问题最早的表述。

Berle 和 Means(1932)指出在所有权分散和集体行动成本很高的情况下,公司的经营者大多是没有控制权的代理人。Berle 和 Means 认为传统经营模式存在很大弊端,倡导两权分离,企业所有者保留剩余索取权,而将经营权力让渡给经营者,提出了"委托代理理论"。(刘凤翔,2012)。

　　Alchian 和 Demsetz(1972)重点探讨了公司治理结构的激励问题,两人提出了"团体生产"理论,并认为企业就是一种典型的团体。它有三个形成条件:①有不少于一个具有共同目标愿望的队员;②所有成员协作生产,任何一个成员的行为都会对他人产生影响;③团队生产结果具有不可分性,即每个成员的个人贡献无法精确地进行分解和测算,因而也不可能精确地按照每个人的真实贡献去支付报酬。因此会产生偷懒(shirking)和"搭便车"(free-riding)行为。为了减少这些行为的发生,就需要有人来专门从事监督工作,而为了监督者积极工作,就应该允许监督者占有剩余权益和拥有修改合约的权力。另外,监督者还必须是团队固定投入的所有者,因为由非所有者的监督者监督投入品的使用成本过高。由此,经典意义上的资本主义企业就应运而生。

　　Jensen 和 Meckling(1976)的《企业理论:经理行为、代理成本和所有权结构》标志着研究委托代理方法的正式定形。他们首先研究了既是全部持股股东又是管理者的情形,既而对比部分持股股东的管理者,得出不是全部持股的股东就有自利的动机,这些都会产生代理成本。所以最好的治理机制就是百分百持股股东做管理者。他们认为委托代理关系是一种契约关系,存在于任何包含有两人或两人以上的组织和合作努力中。如果委托代理双方都追求效用最大化,那么代理人不会总以委托人的最大利益而行动。经理人员被认为是决策或控制的代理人,而所有者则被认为是风险承担者。由此而造成的代理成本包括:①委托人的监督和控制成本;②代理人的自我约束成本;③剩余损失(最优决策—现在的决策),即由于代理人的决策与委托人利益最大化的决策之间的差异而使委托人承受的利益损失,也可能是由于完全执行合约的成本超过收益而引起的。

　　Fama(1980)认为公司委托代理问题会随着管理者对自己职业关注度的提高而减少,而公司经理层对自己职业的关注来源于两个市场:一是外部劳动力市场,它表示了管理者能获得的外部就业机会;另一个是公司内部市场,它表示了经理人在公司内部的提升。从公司治理外部约束机制的角度看,第一种市场的存在促使管理者认识到,如果他在一个公司中的经营绩效较差,那么他的价值的市场反映必然较低,或者获得新的工作职位的可能性较小,因此管理者必须代表公司所有者利益努力工作。Holmstrm(1982)

建立了一个模型用以说明管理者对职业生涯的关注产生了一种重要的激励作用,但是他证明:在职业生涯的最初年份里,这种激励作用较大,管理者会努力工作;在职业生涯的最后年份里,这种激励作用会减小。

Fama 和 Jensen(1983)认为公司的组织构架可以解决代理问题。在公司所有权和经营权分离的情况下,决策是经理人草拟的,决策的评估和控制由所有者管理,这种互相分离的内部机制设计可解决代理问题。而购并则提供了解决代理问题的一个外部机制。当目标公司代理人有代理问题产生时,通过收购股票获得控制权,可减少代理问题的产生。

Jensen 于 1986 年在《自由现金流的代理成本、公司融资与接管》一文中,首先提出了"自由现金流"的概念,透过自由现金流去研究代理成本;并提出了代理成本中的股东与管理者之间的代理成本。Jensen 认为自由现金流的减少有利于减少公司所有者和经营者之间的冲突。所谓自由现金流是指公司的现金在支付所有净现值为正的投资计划后所剩余的现金量。如果公司要使其价值最大,自由现金流应完全交付给股东,但此举会削弱经理人的权力,同时再度进行投资计划所需的资金将在资本市场上筹集而受到监控,由此降低代理成本。除了减少企业的自由现金流外,Jensen 还认为适度的债权由于必须在未来支付现金,比经理人答应现金股利发放来得有效,而更易降低代理成本。他还强调对那些已面临低度成长而规模逐渐缩小,但仍有大量现金流产生的公司,控制其财务上的资本结构是重要的。此时购并的含义是公司借购并活动,适当提高负债比例,以减少代理成本,增加公司价值。

法金融学派的 La Porta(2000)通过实证研究建立了结果模型和替代模型,分析了大股东和中小股东之间的代理成本。结果模型认为在高保护国家,代理成本较小,支付高股利;替代模型认为在高保护国家,因为建立了良好的声誉,代理成本较小,支付较少的股利。由此,大股东与中小股东之间的代理问题成为热点,并在随后被众多学者证明,在法制程度比较低的国家,大股东与中小股东之间的代理冲突比所有者与经营者之间的代理冲突更严重。

2.1.2 代理成本理论在中国的研究缘起

中国于 20 世纪 90 年代的国有企业改革中开始关注代理成本问题(党

印,2011)。党的十四届三中全会确立了建立现代企业制度的目标,并引入职业经理人制度。就国有企业应该采用什么样的公司制度以及如何理顺委托代理人的关系,当时有以吴敬琏为代表的国有持股公司模式观点、以周小川为代表的银行持股模式观点和以张维迎为代表的债权人模式,这些观点的不同点主要就是国有企业改革中国家应充当什么角色。

林毅夫等(2001)认为国有企业的根本问题不在于产权制度,而在于缺乏充分竞争的外部环境;国企改革的关键在于取消政策性负担,创造公平的竞争环境,使市场能提供充分的有关国企经营绩效的信息,并使经理行为与国家激励相容。陈和等(2007)认为产权不是制约国企发展的关键变量,公有产权和私有产权都有良好经营的案例,国企进入良性运转也并不是依靠构建竞争性环境、减轻政策性负担以及硬化预算约束这些政策就能实现的。他们认为制约国企效率的核心是代理成本,国企必须引入激励和监督机制才能解决代理成本问题;在不同产业,产权变迁(国有企业民营化)和问责机制(保留国有产权,在问责机制下解决代理问题)是国企改革的两条可选路径。李寿喜(2007)也认为,国企改革的突破口应是降低代理成本,解决的措施之一是产权多元化,其次是完善对投资、负债及冗员的监督和控制机制。

刘世锦(1995)认为公有制下存在代理组织条件下所有者目标与代理者目标之间的矛盾,因此把所有者目标、代理者目标和代理组织实际运作目标三者区分开来是有益的。张维迎(1996)认为应完善公有制经济中代理双方人关系及其监督和激励机制,将公有经济描述为第一委托人与最终代理人即企业内部人员之间的双重等级结构。杨淑娥(1996)认为代理关系可以分为投资者通过董事会委托总经理行使法人财产所有权而形成的代理关系以及企业高层管理者授权委托下级管理者管理内部各部门而形成的代理关系两类。

史金平(2001)从国有企业的委托代理关系方面分析了国有企业的委托代理链长,从最初的委托人到最终的代理人中间,经过了多级委托代理过程,国有企业的经营权才到达最终代理人手中。由于国有企业的委托代理链冗长,国有企业的委托代理过程出现了一些在非国有企业中不会出现的问题。程恩富和胡乐明(2005)认为委托代理关系是这样一种显明或隐含的契约关系:在这种契约下,一个人或更多的行为主体(即委托人)指定、雇佣另一些行为主体(即代理人)为其提供服务,并授予其某些决策权,委托人根据代理人提供的服务数量和质量支付相应的报酬。袁庆明(2004)认为委托代理关系是指委托人和代理人之间的一种责任、风险分担和收益分享的关系。高雷和张杰(2011)认为代理成本高的公司会寻求高质量的外部审计，倾向于聘请大规模的会计师事务所。管理层持股能起到完善公司内部治理机制的作用，减少代理冲突，从而降低公司对外部审计质量的需求。

2.1.3 代理成本的含义

在亚当·斯密《国富论》所描述的最早的委托代理关系中，股份公司的股东不同于私人合伙伙伴，因为私人合伙伙伴大多以钱为中心，用钱有计划。而股份有限公司的股东，很难像私人合伙公司的合伙人那样时刻明确自己钱财的去向，很难像他们那样对钱财用途精打细算。

在委托代理关系的前提下，这种契约关系赋予了代理人在企业经营管理中的决策权。因此，委托代理关系的存在已成为代理成本问题存在的基础；代理成本理论也基于委托代理关系，已成为现代企业理论的重要组成部分。

18世纪工业革命以来，人类社会先后经历了三种企业制度，依次为企业所有制、合伙企业和公司制。不同的形式不仅反映了企业规模扩大的事实，也反映了企业内部分工的逐步细化。业主制企业往往规模较小，所有的决定都是由业主做的。合伙企业可以一起做决定，互相监督，但有限的合伙人数量使其不可能成为大公司。如果企业的规模继续扩大，它将超过个人的资本和风险承载力，最初的投资者很难参与到企业的所有事务中去。在这个时候，聘请有经验的人员来管理企业，只负责发展战略，是必然的选择。这种所有权与管理的分离是企业制度的一场革命，即企业制度的诞生。在公司制度中，股东的责任有限，股份可以自由转让，企业规模可以很大，可以无限期地存在下去，股东和管理者之间的责任分工也有利于提高经营效率。然而，股东与管理者之间的委托代理关系也产生了后续的代理成本。由此可见，代理成本是企业制度演进的必然结果。

从上面可以看出，代理成本是指委托方也就是公司股东，为了防止代理人损害其自身的利益，就需要制定严格的合同关系，同时也需要对代理商进行严格监督。代理人需要为他的行为付出代价。换句话说，代理成本是所有者自己经营企业获得的收益，与雇佣经营者来经营自己的企业所获得的收益之间的差额。它包括以下内容(张付成，2007)：

1.信息不对称

在委托代理关系下,代理人知道的许多信息委托人是不知道的,这就是信息不对称。

2.目标偏差

委托代理关系的实质是所有权与控制权分离,执行经理取代所有者掌握企业控制权。由于执行经理不是企业的所有者,而是作为经济人,因而其所追求的目标是个人效用最大化。经理个人效用最大化与企业利润最大化往往是不一致的,因此,"经理控制型企业"与传统的"企业主企业"在目标追求上存在差异。

3.败德行为和逆向选择

在委托代理关系中,败德行为是指由于信息不对称和监督不完全,代理人利用自己的信息优势,通过减少自己的要素投入或采取机会主义行为来达到自我效用最大满足这一影响组织效率的道德要素。

4."搭便车"

"搭便车"指的是即使个人没有支付成本,也能自动地享受到团体所提供的服务。当个体的利益与所有个体总的贡献相关时,个体总有减少自己的贡献以期在他人的贡献中获得好处的动机。在企业的委托代理关系中,经理作为代理人为其委托人进行选择。由于他并不拥有企业资产的所有权,或只拥有一小部分所有权,因而他并不承担其选择的全部后果。也就是说,经理努力经营的成果或经营不善的损失大部分都要由股东分享或分担。

黄劲松(1999)认为代理成本在企业中的表现形式主要体现在以下几个方面:

1.代理人的偷懒行为

偷懒可以定义为用闲暇来代替工作。经济学理论表明,工作和闲暇都会有机会成本。工作是一种负效用,但会带来收入;而闲暇是一种正效用,却会损失收入。代理人会在闲暇所带来的效用与丧失收入所带来的成本之间进行权衡,直到闲暇所带来的边际利益与丧失收入所带来的边际成本相等为止。

2.代理人的保守行为

代理人往往有着更高的风险规避偏好。这是因为资产组合理论指出,持有资产的多样化可以有效地分散公司特定风险,但是不能消除系统风险对于公司股价的影响。所以,具有多样化投资的投资者主要关心的是系统性风险。

3.代理人的短期行为

在委托代理关系中,契约一般会规定代理人的任期。代理人的任期相对于公司的生命周期是短暂的,股东更倾向于从长远来考虑公司的决策,追求公司整个生命周期中的利润最大化,而代理人则追求任职期间个人效用最大化。

4.代理人的在职消费

代理人对于公司的资源有相当的控制权,这为他实现自身利益最大化和在职消费提供了可能。代理人谋求私利的动机促使他们通过各种方式,最大限度地把与企业有关的其他权益持有者的财富转移到自己手中。

2.2 代理成本产生的原因

在现代市场经济产生和发展的大环境下,企业的规模也逐渐扩大。对于经营者来说,把一个企业经营好,对专业知识的要求也相应越来越高,经营者需要投入的精力也相应越来越多。初始的投资者将用更多的精力来吸引新的投资者加盟本企业,自己则把更多的时间用在有关企业发展、壮大的战略思考上。在这种情况下,那些拥有现代经营理念的所有者,将会倾向于请外部经理来协助管理企业,从而将自己从烦琐的日常经营中抽身出来。

这种新型的分工模式从总体上来说是有利于工作效率的提高的,并在一种良好的机制配合下,可以实现委托方和受托方双赢。但两权分离必然也会带来一定的负面效应,这就是代理成本的出现。代理成本的产生就是所有权和经营权分离之后,所有者即股东希望管理层按股东财富最大化的目标尽力经营企业,但由于经理们本身并不是股东,或持有股份比例小,往往从自身的利益出发从事企业的日常经营管理。比如通过在职消费获取除工资报酬外的额外收益,从而造成所有者利益受损。

代理成本出现的一个重要原因就是所有者和经理层之间存在着较为严重的消息不对称。经理层掌握着企业货币资金的流入流出,在一定的授权范围内负责企业内部资源的配置,控制着企业各项费用的支出,他们在一线从事经营活动。经理层相对处于信息优势,而所有者则处于信息劣势。经理层利用信息优势就很有可能为自己谋取额外的"福利"。代理成本之所以出现还有一个内在原因,就是经理们基本不持有公司的股份。这会造成两种后果:一是经理层辛勤工作并取得了相当卓越的业绩,但由此产生的企业利润完全归企业股东所有,经理层只能得到约定的报酬。这种付出和得到的不平衡很容易导致经理层放弃积极的努力。二是经理层的在职消费所带来的效用完全由经理层享有,但支付在职消费所需的高额成本则完全由企业所有者承担。这种得到和付出的不平衡极易导致经理层侵蚀企业利益,为自己谋取福利而不承担任何成本。

所有权和经营权的分离必然使代理这种契约关系在企业的发展中具有至关重要的地位。而委托代理中的委托方和受托方之间的信息不对称和逆向选择问题,都必然会使企业产生代理成本问题。委托代理关系是代理成本产生的源头,国内外学者对代理成本的研究也推动了代理成本理论的不断深入发展。

2.3 代理成本的分类

Jensen 和 Meckling 将委托代理关系定义为一种契约关系,在这种契约下,委托人将若干决策权托付给代理人,代理人代理行使委托人的某些权利和义务。随着对委托代理理论的研究不断深化,学者们认识到委托代理关系不仅存在于所有者与经营者之间,企业大股东与中小股东之间、股东与债权人之间等也存在委托代理成本。

1.所有者与经营者的委托代理成本

两权分离所带来的委托代理问题一直是经济学界研究的难点和热点。早在 18 世纪,亚当·斯密就认为采用股份制经营,工作中,经营者若能像合伙人照看自己的钱财那样用极高的警觉来管理这些钱财,疏忽和浪费必然或多或少在公司的经营中会减少,可是现实往往相反。Berle 和 Means(1932)提出了股权分散假设,指出现代企业不再被一个人所拥有,出现了很多的股东,而股东不能都参与公司的经营管理。两权分离导致的管理层与外部股东之间的代理问题成为经典的委托代理问题。在这种委托关系中,股东和代理人就有了不同的选择境况:一是股东即委托方通过支付一定的报酬,选择代理人即经营者,但不能直接观察到经理层的行为;二是代理方即经营者自主选择自己的行动,这既会影响自己取得的报酬收益,又会影响委托方即股东的收益。

Jensen 和 Meckling(1976)指出,除信息不对称外,股东和管理层之间产生代理问题的另一个重要原因是管理层不能参与剩余收益的分配,缺乏努力工作的必要激励。股东为了抑制经理层的机会主义行为,使用监督和激励机制,促使经理层与股东利益目标一致,由此付出监督和激励成本。经理层为了守约而放弃偷懒、"搭便车"以及其他不道德行为的机会成本,称为守约成本。监督、激励以及守约成本的付出,也不一定能达到两权分离之前股东自行经营获得的价值,还存在一定的价值损失,这称为剩余损失。他们将这些成本损失称为代理成本,并定义为委托人为防止代理人损害自己的利益,通过严密的契约关系和对代理人的严格监督来限制代理人的行为所付出的代价。

在 Jensen 和 Meckling 对代理成本的开创性研究之后,股东与经营者之间的代理成本被视为经典的委托代理成本,后继研究者对此进行了大量的研究。我国学者如张兆国等(2005)、李明辉(2009)、肖坤等(2009,2010)、曾庆生等(2013)、杨汉明等(2014)、尤华等(2014)对此类代理成本进行了研究,并用"股权代理成本"一词来代指这类经典的委托代理关系导致的成本损失。

2.大股东与中小股东之间的委托代理成本

在股权分散假说下,每个股东都希望其他人去监督管理者,而自己则分享其产生的利润,这种"搭便车"行为最后会导致没有人对管理者进行监督,使得公司成为管理者谋求个人利益的工具。但 La Porta 等很多学者通过研究发现,股权分散假设在大多数国家并不成立。在世界各个国家的大多数企业中,股权都比较集中,存在持有大量股份的少数大股东。大股东持有大量的股份,有监督管理者的动力,而中小股东持有股份低,投票权小,加上"搭便车"心理,中小股东没有动力也没太多的权力参与经营管理,企业的经营决策实际由大股东全部代理,由此自然形成了大股东代替中小股东行使企业经营决策权的委托代理关系。在这种委托代理关系下,大股东有强烈的动机迫使管理者成为自身的代言人,可能会通过对公司的控制权侵占中小股东利益以满足自己的私人利益。

Jensen 和 Meckling 指出大股东与中小股东之间存在的利益冲突会导致第二类代理成本。Shleifer、Vishny(1997)也认为大股东对公司资产足够的控制权使得其有自利动机。Khanna 等(2000)研究发现,大股东容易通过关联交易掏空上市公司的行为主要发生在大型企业集团内部,尤其是在投资者保护机制弱的国家和地区。Johnson 等(2000)、Lins(2003)等学者也表达了同样的观点,在市场法律机制比较弱的新兴市场经济国家,外部中小投资者对上市公司的监管难度很大,大股东和管理者对上市公司财富的掠夺行为比发达市场国家更明显,侵害中小投资者利益的行为更多。因而在这些股权比较集中的公司,主要的代理冲突是大股东对中小股东的利益侵占而不是股东与经营者之间的代理冲突。

大股东侵占中小股东利益的方式是多样化的,在有些情况下,大股东通过内部人简单地窃取公司利润;在另外一些情况下,大股东通过内部人可以把他所控制公司的产品、资产和证券以低于市价的价格出售给另一家他所控制的公司,这些行为通常是合法的,但是侵占了其他中小投资者的利益。大股东还通过关联担保和股权稀释等途径转移公司财富,侵占其他投资者的利益。这些因大股东控制权优势而受损害的中小股东利益称为大股东代理成本。

3.股东与债权人之间的委托代理成本

当企业的融资方式由股权融资拓展到债务融资后,债权人与企业的所有者——股东形成了债权债务关系。作为债权人,将资金投入企业后,不像股东那样拥有公司的投资经营决策权,而只有享受利息收入的权利。这样,企业股东代理债权人行使对其资金的支配使用权,形成了股东与债权人之间的委托代理关系。Jensen、Meckling(1976)提出可以通过债务减少经营者用于追求在职消费等自身利益的自由现金流,降低股权代理成本。然而,债务融资又会带来新的代理冲突,股东可能会通过资产替代、投资不足或投资过度等方式侵害债权人利益,尤其是当企业处于破产边缘时,股东更倾向于投资风险大的项目。当企业财务状况恶化时,股东对投资失败的项目承担有限责任,对投资成功的项目则可以获得全部的超额收益,而债权人对投资成功的项目仅获得固定的利息收入,对投资失败的项目要承担最大的风险,甚至可能血本无归。所以股东获得的收益与其承担的风险不对等,股东容易产生机会主义行为,倾向于选择高风险高收益项目,而放弃低风险低收益项目,这对于债权人利益是一种损害。

作为理性的投资者,如果意识到股东和经营者可能采取不利于债权人利益的投资行为,会通过与债务人签订约束性的债务契约,或者通过向债务人收取高额的风险补偿利息,对股东和经营者的行为进行有效的限制。

这些由于企业负债融资而引起的股东－债权人冲突,使股东倾向于采取侵害债权人利益的行为,由此发生的损失以及为避免损失而付出的额外成本称为债务代理成本。包括:(1)股东和经营者为了自身利益而发生的投资过度、投资不足、资产替代等对债权人造成的损失;(2)债权人为减少股东和经营者的自利行为对自身造成的损失所发生的监督费用和高出的利息支出;(3)企业投资失败或经营不善导致的破产清算费用。

2.4　本章小结

国内外学者对委托代理问题和代理成本的研究有很深的理论基础和实践研究,所有者与经营者之间的代理成本是经典的委托代理成本;大股东与中小股东之间的代理成本是 21 世纪以来讨论最热的话题,也切合中国的基本国情;所有者与债权人之间的委托代理成本也是一个突出的代理问题。随着时代的不断进步,越来越多的新型化企业出现在人们的生活当中,这样的发展形势已经成为现今社会的一个发展定势。公司作为一种高效的组织形式,对于现代经济发展至关重要。两权分离(即所有权和经营权的分离)是当下公司的普遍特征,而由此带来的代理成本问题引起了人们的关注。很多学者都对代理成本进行了深入的探讨与研究,这些研究对于经营者、投资者及监管者等对公司价值及走势的把握具有重要帮助,对于公司的良好运营具有重要作用,进而对于一国经济的稳定发展具有重要意义。委托代理问题和代理成本理论的研究已经取得了很多的成果,在这些理论基础上,结合中国的现实国情和特点,还有很多值得深入研究的地方。

第 3 章

关系嵌入与差序格局理论

3.1　关系嵌入理论

3.1.1 关系嵌入的含义

关系嵌入的概念最早由 Granovetter 在 1985 年提出来,指个体在与其他个体交往(交易)过程中,形成个体之间互动的心理认同,并将其对对方的认知嵌于彼此的互动行为中。关系嵌入的心理认同强调以交易双方之间的相互理解、彼此信任、履行义务和实施承诺为基础,受信息传递的质量与沟通范围的影响(李时敏等,2013)。Uzzi(1997)认为,关系嵌入是指关系要素之间相互联系的二元交易关系问题,强调直接联结作为交换优质信息的机制所起的作用。

关系嵌入反映了社会网络中个体与个体之间的关系结构和特征,关注的是交易双方直接互动所需要解决的信息共享、信任治理和信用交易等问题,从微观层面反映了个体之间联结的紧密程度和关系质量,是结构嵌入的基础。关系嵌入通过社会联结的密度、强度、对称性、规模等来说明特定的行为和过程,对企业组织的竞争优势和治理机制产生重要的影响。关系嵌入的特征使得交易双方彼此了解,增强了彼此的信任,交易双方从信任关系中获得了隐秘、细致的私人信息,促进了心理认同,加速了认知与决策,提高了竞争优势;同时缩短了交易双方对市场的反应时间,减少了搜寻成本,降低了交易成本。关系嵌入使得交易双方从网络结点之间的直接关系中获取信息收益,是一种战略性资源。这种特殊资源决定了企业的竞争力,能影响企业经营的成本和收益。

3.1.2 关系嵌入的强度

关系嵌入的强度主要包括关系强度及关系质量,由以下三个方面的因素决定:(1)关系方的信誉、需要和目标;(2)信息传递、交流与共享的质量与范围;(3)互动过程中双方的博弈、合作、冲突以及交往的历史。根据Granovetter 的理论,关系强度依据"互动时间、情感强度、亲密程度和互惠服务"进一步划分为强关系、弱关系。互动时间长,感情深厚,关系紧密,互惠服务多,则为强关系;反之则为弱关系。关系质量包括信任和共享,衡量关系嵌入的可靠性、可预见性、公平性、共享性。关系双方长期的接触、交流和共事能够获得和巩固信任,信任水平的提高也能反过来促进双方的交易。信任水平越高,共享机会越多,关系方从网络中获取的知识与资源也越多,关系嵌入的强度越大。

人们建构关系网络遵循从强关系到弱关系不断扩展的原则。强关系不仅能够提供信息,而且能够为交易双方提供资金、技术、人力资源等各种实质性的帮助。强关系所带来的人际信任为经济活动提供必要的信任,减少交易成本。但强关系也有不少负面作用:一是中国社会强关系所提供的道德要求,会对企业家行为产生很多的制约;二是强关系网络的闭合,会导致信息的闭塞和对外来人的排斥,这也是很多家族企业发展的瓶颈。弱关系在关系网络中充当信息流通的"桥",可以获得多种信息来源和多种类型的资源,在传递信息广度和宽度方面比强关系更具有优势。随着个人的弱关系边界不断扩展,人们可以与网络中的任何个人生成关系,构成一个关系社会网络。

费孝通的"差序格局"关系说的就是关系嵌入由强至弱的格局。中国文化强调血缘、亲缘的强关系格局,这是一种先天性禀赋关系,在中国的人际关系及其交易行为中占据主导地位。地缘、业缘、学缘等也会帮助关系双方建立联系,并通过加强互动来增强彼此信任,将弱关系逐渐发展成强关系。没有交集和共同点的外人或生人,因市场性交易关系而发生联系,属于最弱的关系。但这种弱关系也可随着交易的频率以及双方心理的认同度增加而变成"朋友""知己"等自己人，转变成强关系。弱关系转变成强关系受到多方面因素的影响，相比于先天性的强关系，弱关系转变成强关系是一个心理的过程，需要时间的积累和验证。因此，关系嵌入具有很强的动态性，强关系与弱关系都是相对而言的。强关系由于各种原因，也可能变成弱关系或者没关系；相反，弱关系随着信任的增加也会变成强关系。

3.1.3 企业关系嵌入的适度性

关系嵌入作为企业的一种社会资本，在企业的生命周期中起到了重要的作用。关系嵌入不足可能影响企业获取各种信息、资源，无法将关系性资源转化成企业产出，从而影响企业的竞争能力和抗风险能力。然而关系嵌入的收益与风险之间存在边界值，企业关系嵌入过度也会给企业带来副作用，导致"嵌入性悖论"(Uzzi,1997)。嵌入性悖论存在的根本原因在于度的难以把握，超越合理边界，反而降低了企业嵌入绩效。因此，企业的关系嵌入存在一个适度的区间，当企业关系嵌入不足时，企业没有充分挖掘社会网络的资源；当关系嵌入过度时，企业维持关系网络的成本大于其从中获得的收益。

图 3-1 表示企业关系嵌入程度与企业效用之间的关系。横轴表示关系嵌入程度，纵轴表示企业获得的效用。随着关系嵌入程度的增加，企业效用呈现先增后减的趋势，这和 Uzzi(1997)提出的嵌入与企业绩效成倒 U 形关系一致。

图中分为三个区域，在 B 点之前，关系嵌入程度与企业效用呈递增关系，关系嵌入的边际效用为正；在 B 点之后，关系嵌入程度的边际效用为负，关系嵌入程度增加的成本大于其增加的收益，为关系嵌入过度区域。在 A 点之前，企业关系嵌入程度不足，没有充分挖掘既有网络中的关系利益；在 A 点之后，企业能够充分利用既有的网络关系，并拓展新的网络关系，随着关系嵌入程度的增加，企业效用不断提高，为嵌入适度阶段。

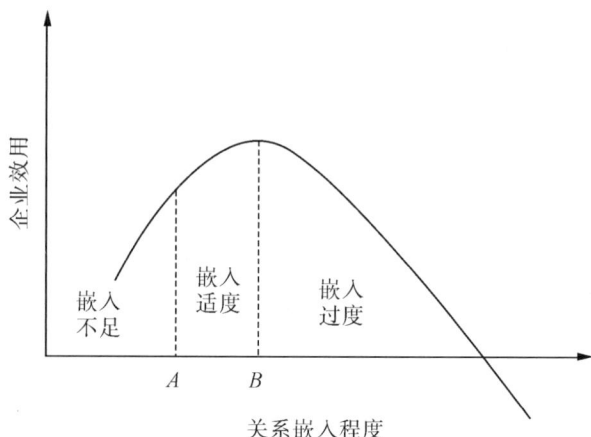

图 3-1　关系嵌入效用曲线

3.2　差序格局理论

3.2.1　"差序格局"定义的提出与含义

前已述及,费孝通于 1947 年在《乡土中国》中首次提出"差序格局"这一术语,形象地概述了中国传统文化、人际关系、社会结构的特点,高度反映了中国社会本质,在国际社会中被广泛使用。在中国乡土社会中占主要地位的是宗法群体,人与人之间的网络关系,是以亲戚家属为主线的关系,是一种差序格局。在书中,他提出以己为中心,像把石头扔入水中一般,以这个石子(个人)的降落点为中心,向四周散开形成一圈一圈的纹路,纹路的远近可以象征社会关系的亲疏。可千万不要小瞧这个比喻了,这个比喻很好地诠释了关系由近及远、由亲至疏的"差序格局"特征。这个比喻是说,和其他人联系在一起的社会关系是立体的,不像团体中的个体一般都处于一个平面上的,而是像水的纹路一般,一圈圈散开来,愈散愈远,也愈散愈薄,这就是差序格局。费孝通从西方学习回国后,开始关注社会学的本土化,并为之付出了精力和汗水。差序格局从基层社会文化的视角来解读中国的社会结构,涵盖政治经济体系,是一个独特的理论概念。尽管他此后鲜有提及此概念,但差序格局就和其他所有重要思想一样,一旦传播开来,就不再属于他自己,而成为人类智慧结晶中的一部分。

在中国社会结构中,差序格局是一种有阶级等级,有亲疏、远近的差序,一切从"己"出发的价值主义。在这种差序像波浪散开的形式中,群和己的界限是相比较而言的。共和私也是相对而言的,当你处在任何一圈里,向内看都可以说是公。"差序格局中社会关系是逐渐从一个一个人推出去的,是私人联系的增加,社会关系是人与人之间的联系构成的网络,因此,我们传统社会里所有的社会道德也只在私人联系中发生意义。"(邓莉莉,2013)"差序格局"一词充分揭示了中国传统的社会结构、人际关系的逻辑和传统文化的特点。随着时代向前发展,现代社会各种利益关系相互穿插着,靠血缘关系来维系的传统乡土社会关系平衡已经被各种利益关系所打破,因此原本伦理式的差序格局关系被伦理、情感与利益等关系取代。利益成为人际关系中衡定远近亲疏的重要考量依据,差序格局全然呈现出"理性化"趋势。

洪建设、林修果(2005)探讨了利益化差序格局的"合理内核",并指出了它的两个方面。第一,利益化差序格局包含三个维度,分别是婚姻关系、拟似血缘关系以及利益。随着传统血缘关系与市场经济体制的相互融合,差序格局中逐渐出现了婚姻和拟似血缘关系,通过这种夹杂着利益关系的家族化或泛家族化的方式,能够更容易地构建起建立在熟人关系基础之上的信任。第二,"权＋利＋情"三位一体构成利益化差序格局的重要内容。所谓"权"是指权力秩序,即谁在合作中掌握主导地位和控制权;"利"代表利益秩序,即如何进行利益的分配;"情"代表情义秩序,即人情和道义、责任。基于三者融合的合作圈子能够有效保障利益化差序格局的稳定。差序格局的内涵已经与原本的差序格局理论不一样,并仍然在新的领域持续发挥着有效的解释力。

差序格局是具有前瞻性的理论概念,对中国社会研究领域产生的重要影响在逐渐放大,特别是 20 世纪 80 年代以后,更加凸显出了它在诠释中国社会与中国人关系上的理论地位。如今,"差序格局"已经成为描述中国社会结构的典型理论,在管理学、政治学、法学等研究领域中被广泛应用,对学术界产生了重要的影响。

3.2.2 差序格局关系的特点

"差序格局"的特点是与"团体格局"相比较而言的。团体格局是以西方传统的基督教思想为基础提出的。对于人权利的思考,西方人并不是从人的角度出发,而是站在神的角度思考,神和人是创造与被创造的关系,因此,人在神的面前就是人人皆为平等的。费孝通同样是以一个中国人熟悉的现象比喻"团体格局"——"西洋的社会有些像我们在田里捆柴,几根稻草束成一把,几把束成一扎,几扎束成一捆,几捆束成一挑。每一根柴在整个挑里都属于一定的捆、扎、把。每一根柴也都可以找到同把、同扎、同捆的柴分扎得清楚不会乱的。"常常是由若干人组成一个个团体,且团体界限分明,各个团体争权保障成员的利益。我们将之称为"团体格局"。与团体格局相比,差序格局就有了如下特征:

1.差序格局是信息传递的载体

以己或者家庭为中心,可以分为亲疏远近不同层级的关系亲疏网络,这一网络首先是传递信息的载体。这种信息的传递,与社区管理中的行政信息的传递是不一样的,它表现为成员之间互道日常琐事的沟通交流。从血缘到地缘、业缘,随着关系亲疏不同层级的递增,信息传递的内容和数量都会发生一定程度的变化。血缘关系绝对是信任中最为亲近的一层,最为真诚可靠的内容往往只在家庭成员之间相互交流,这是不可替代的。由居住区域远近形成的地缘关系,所传递的信息就相对有限,家长里短、地区活动都能成为谈资。地缘之间的信息传递往往也是居民了解国家相关政策的一个重要途径,在乡土社会中,限于信息传播的滞后,地缘之间的信息传递扮演着极为重要的角色,地缘关系实现了"自己—家庭—农村社会—集体—国家"之间的信息互动。在社会关系网络中,人与人之间的交往方式依赖于差序格局所包含的人际关系之亲疏。一个人能否被承认,由他能否处理好自己与周围人的关系来决定,而不是根据什么固定的要求标准,关系越亲密就越有可能被其他人用来实现自己的利益。所以,每一个居民都建立起了一个以己为中心的圈子,同时属于在某一层面以其他人为中心的圈子,形成一个关系网络相互穿插交融的差序格局的熟人社会。

2.差序格局的结构具有层次性

我们借用廉如鉴(2010)从自我中心网络和整体社会网络来看待这个问

题的视角来分析。一方面,费孝通认为社关系网络是以"己"为中心的;另一方面,他又指出中国农村社会的基层结构是一个"一根根私人联系所构成的网络"。前者可以看作是自我中心网络,后者可以看成是整体社会网络。廉如鉴(2010)认为存在"名实分离"的原因就在于没有觉察到"差序格局"和"许多差序格局所组成的网络"的区别。然而,并不是费孝通没有意识到这一点,而是"差序格局"本身就包含微观层次的人际关系网络和宏观层次的整体人际网络。按照郑杭生、赵文龙(2003)的阐述,社会结构能够视为社会主体在相互作用的基础上形成的相对稳定的关系协调体系。其本质是关系的相互作用,表现为群体与群体之间的互动,以及个人与个人之间的互动。因此,社会结构具有分层的特征,从宏观层面可以看出,它是由政治、经济、文化等组成的,相互融合发展;从中观层次上看,是社会群体之间形成的关系互动体系;从微观层次上看,是个人与个人之间形成的互动体系,这就是社会网络。按照郑杭生和赵文龙(2003)对社会结构层次的划分,差序格局理论应该从多个方面来深入理解,即微观层次上的人际关系、中观层次上的"社会圈子"、宏观层次的社会结构等三个方面。宏观层次又可以理解为最基本的农村社会、中层的江湖社会、高层的庙堂等三个层面。这三个方面和三个层面是通过等级制度或者社会分层结合在一起的。三个层次的划分依据是分析主体的层次,如果是个人层次,不论是帝王还是人民,皆属于微观层次;如果是由个人所形成的社会圈子或者以社会组织作为分析对象,则属于中观层次;如果是以范围更广的农村社会、江湖、庙堂或者社会、民族、国家等作为分析对象,则属于宏观层次。这样,微观层面上的人际关系网络就会聚集在一个社会层面上,再结合到一个宏观层面的差序格局中。费孝通提出"中华民族多元一体的格局"是宏观层面的有力体现。

3.在差序格局里以己出发、以关系亲疏划分圈子

每个人在这个社会中以"己"出发,都会有各类亲疏远近不同的"圈子"。而每个人最为看重的就是血缘关系和地缘关系了,因此每个"己"都根据自己的血缘与地缘形成关系不同的"圈子"。如费孝通所说:"我们社会中最重要的亲属关系就是这种丢石头形成同心圆波纹的性质。亲属关系是根据生育和婚姻事实所发生的社会关系。"其次是地缘关系。郭兵云(2018)指出:"我们乡土社会里,不但亲属关系如此,地缘关系也是如此。""在传统结构中,每一家以自己的地位作中心,周围划出一个圈子。"一般农村的社会关系,大多由于血缘关系,在一个微型农村社区里的人们非亲即故,他们互相帮助,患难与共,同村的邻里间交往频繁,互相都很熟悉。血缘凝结而成的家庭血亲关系是人与人之间互帮互助的核心支撑,个人的柴米油盐、家庭的大事小情乃至宗族血亲的人伦事务、婚丧嫁娶、陷困求助等,都能从血缘所缔结的最为亲近的这一层级中获得最原始、最贴近、最真诚的帮助,这种帮助带有主动天然的伦理性色彩;且帮助并非单向的,而是双向互动的,进而凝结为长久性的互助有机体,从信息性辅助到物质性扶助,这种互助使个人(家庭)能够有力地处理一些困难。

4.在差序格局里,情感是非常重要的区分点

重"礼仪"轻"法制"是中国传统的特点。每一个小的"圈子",扩大了就是一个大的"家",而国则是全天下人的"家"。郭兵云、巫爽(2018)发现在宋朝之前,"移孝作忠"的伦理设计由于庶民无正常渠道进入皇权,修齐治平逻辑因此在修齐与治平之间中断,即从"修身""齐家"到"治国""平天下"的逻辑链条在宋朝科举考试普及之前无法正常推演,直到宋朝后才彻底打通。尽管如此,在中国传统社会中,无论是平民百姓之间,还是君主臣子之间,或者团体中上下级之间,以及皇室内部,都以儒家的五伦为主要根基。法家的法制理论在秦朝以后的各朝代中均有体现,但在社会治理中起主要作用的还是儒家的礼治思想,并且从始至终受到重视。即,是"礼"而不是"法"保护着整个社会秩序的稳健运行。在传统社会中,人往往受到感情的牵连,而且风俗、习惯以及家人间的行为对人的影响力也是非常之大的。在这种社会里,法律在人们心中的地位就微乎其微了,郭兵云、巫爽(2018)指出"成规定俗是统治一切的天经地义"。"礼治"思想对中国传统法律文化也有着巨大影响,它的内容包含中国社会的方方面面,涵盖了法律、道德习惯以及地方文化习俗,礼在当时社会甚至成了法律的灵魂。顾名思义,"礼治"就是以礼来治理国家、管理社会。差序格局理论也蕴含着"礼"的思想。

5.在差序格局里,共和私是相对而言的

差序格局理论看重人与人的关系和交情,凡事因人而异,对不同的人会有不同的办事法则。在传统中国社会,只要是和自己在同一个"圈子"里的人,道德和法律是可以灵活运用的。候东栋、王晓慧(2017)指出:"中国的道德和法律,都因之得看所施的对象和自己的关系而加以程度上的伸缩。"如何才能融入一个"圈子"呢?跟他们"攀关系"。如果有"关系",则只需"讲交情",凡事就有了弹性。农村成员、家庭成员之间,就形成了相互制约的关系"圈子",也形成了相互依赖的关系"圈子",最终促使传统乡土道德规则的产生:与人为善,尊尊亲亲——以血缘为支撑的家庭道德、以地缘为基础的邻里道德、以业缘为平台的社区道德都能够有效运行起来——五伦关系规则得以确立。与此相对,在大社会中的适用规则在熟人社会中却很难同样适用,因为每个人和家庭都有与其能力相匹配的圈子层次,每个差序格局圈子都是相互交叉融合的,就形成了乡土社会中独特的道德意识形态:道德是在熟人社会中形成的,只有在熟人社会中道德才得以运行;在大社会的普遍规则之下,这种存在于熟人间的道德就会变成一种小团体中才有的主义,甚至会制约大社会普遍规则的运行。在差序格局之外,道德的制约和互动能力就没什么影响力了。人们的行为会发生一定程度上的调整,陌生人规则开始出现,信息传递和互助协作都受到限制,极易形成缺乏信任、扶助难求的状况。

3.2.3 差序格局关系的识别和判断

费孝通对差序格局的解释是通过与西方团体格局的对比提出的,如他将西方团体格局比喻成一捆捆扎得很清楚的柴,团体是有界限的,团体内外的人分得很清楚;而中国的差序格局则是石子抛出去散开的一圈圈波纹,界限相对模糊,且具有很强的伸缩性。他拿家庭作为例子来说明,西方国家把家庭的界限划得非常清晰,应当包含几个人十分明确,而中国把家的概念划分得很含糊,范围可大可小,大到可以天下一家。这里的差序格局既提及"家庭",这是社会结构的基础,又提到人际交往中的规范。那么差序格局中的关系到底该如何识别和判断呢?

王磊、郑孟育(2013)指出差序格局事实上是一个立体的结构,包含横向弹性的以自我为中心的"差"和纵向刚性的等级化的"序"两个维度。然而目前诸多研究将差序格局概念进行了适当的发展,从社会结构的层面替换衍生到人际关系的层面,人际关系的结构其实包含在社会结构中,仅从人际关系上去理解,人们往往会忽略掉差序格局丰富层次的内涵。这是中国传统的社会结构里最基本的概念,这个人际交往所构成的网络中的纲纪,就是一个差序,也就是伦。阎云翔认为这里的表述才是差序格局较为严格的定义。伦重在亲疏和上下等级的区别。换言之,"伦"本身就带有等级的差别,而《乡土中国》中提到,《中庸》里把五伦作为下之达道,因为在之前的社会结构里,从己到天下是一圈一圈散开出去的,所以孟子说他"善推而已矣"。可以看出费孝通的确是将等级层次包含在差序格局的社会结构里。杨中芳曾指出,中国社会由一张张复杂的关系网络所覆盖,整个网络"是每个人以自己为中心,人伦(特别是上、下角色)为经、人际关系为纬所构成的",每个人都有他自己的位置和人伦关系所决定的角色和行为规范。这揭示了中国的社会结构,解释了上下级关系和水平人际关系的关系。因此,从方向上看,差序格局可以分为横向人际关系和纵向阶级两个方向;从层次上看,差序格局最少可以分为微观差序格局和宏观差序格局两个层次。许多学者用人际关系网络或社会网络来描述社会结构,但其实社会网络的观点不够丰满,不足以理解社会结构的内涵,难以描绘社会结构的全部特性。由此,王磊(2013)提出,社会结构的层次性表现为三个方面:从宏观层次而言,政治、经济和文化等构成了社会结构,并协调发展;从中观层次而言,社会群体间的互动关系构成了社会结构;从微观层次而言,个体间的互动关系构成了社会结构。然而目前诸多研究将差序格局概念的研究从社会结构的层次拓展到了人际关系的层面,而人际关系的结构其实包含在社会结构里,是其一部分,所以仅从人际关系上去理解差序格局,有可能会忽略其丰富的内涵。

在探讨"差序格局"时,需要同时厘清另一个与之联系紧密的概念——"关系"。在传统家国同构的社会中,关系差异与等级制度未完全分离,是相互联系在一起的。差序格局表现的是人际交互的立体结构,既有横向的弹性的以自我为中心的差,又有纵向的刚性的等级化的序(阎云翔,2006)。而关系意指人与人之间产生的带有文化合理性的关联状态,可以划分为伦理、情感或利益三种关联形式(陈俊杰等,1998)。从概念的外延来讲,"关系"涵括"差序格局",也适合描述西方社会"团体格局"下的人际交往。

在差序格局背景下,中国关系也呈现出差序格局的特点。中国人在社会交往互动中采取的是一种特殊主义的关系取向。这种关系是以"己"为中心逐渐向外推移的,离得近的关系亲密,远的就相对生疏了。这种推移的动力最根本来自家庭的血缘关系,而血缘关系的扩展又形成了地缘关系,血缘关系与地缘关系是紧密相连、不可分割的,在此基础上成了中国传统社会的人际关系。在中国社会中,人际关系是十分重要的。杨国枢(1993)指出华人社会取向中的"关系取决论"是关系取向的重要特征之一,它是指在任何社会情境中,人我双方都会有不同的关系。

由于关系在中国和西方社会的心理含义存在一定差异,一些学者提出了一个能表达中国人际关系的本土化概念——"关系"(guanxi)。对于关系的分析必然离不开中国社会结构。孙立平(1996)指出,"差序格局是分析中国传统社会中社会关系结构的一个基本概念,同时也是分析从传统社会到现代社会关系类型演变的一个重要基础"。可见,中国关系也呈现差序格局的特点。早在1993年杨国枢提出华人社会取向的理论时,他也说明了华人依照关系差序性的互动原则与人交往。中国社会以纵向差序性的关系为主,行为是否合适的判定标准集中表现在他人感受的好坏上。杨宜音(1999)对关系的差序格局特点进行了更为细化的概括,指出"关系"的主要特点包括:(1)通过社会地位特别是亲缘关系来决定双方的交换模式;(2)关系越近,会给予越多的信任,也会承担越多的责任;(3)以"己"为核心,通过不同的关系联结他人,形成自己的关系人脉网。而在众多特点中,中国特有的"关系"的核心在于"己"的地位,并且血缘、亲缘、地缘、学缘、业缘等因素对于关系的加牢、加深起着重要的作用(宝贡敏,2003)。由于关系概念的外延太过宽泛,在研究中,学者们通常要对关系进行具体界定。在对关系进行定量时,通常将关系细分为"九同"(同学、同事、同乡、同姓、同好、同行、同年、同袍、同宗),抑或采取问卷调查研究方法,对以自我为中心的关系由近及远进行测度(Law et al.,2000;Yen et al.,2011)。然而,如按照这种测度来划分差序格局就会出现一个新的问题,就是以"己"为中心的亲疏远近成了平面的结构,仅仅测度了差序格局的一个方面"差"。

在同心圆结构中,宋雁慧(2012)认为,根据社会关系的远近不同,有三套交往法则在规范着人们的交往行为,表现为三种关系:(1)情感性的关系。它是一种基于亲情而产生的长久而稳定的社会关系,处于同心圆的核心层。这种社会关系适用"需求法则",即与对方交往不计成本、不顾得失,完全是一种按需分配,如父母对子女的抚养。(2)工具性的关系。它是一种为达成自身目标而与陌生人之间建立的短暂而不稳定的社会关系,处于同心圆的最外层。这种社会关系适用"公平法则",即双方都会以一定的比较水准来衡量。自己可以从对方获得多少报酬?为了获得这些报酬,自己必须付出多少代价?报酬减去代价后的结果是否与对方获得的结果不相上下?(3)混合性的关系。它是指交往双方彼此认识且有一定程度的情感关系,但其情感关系又不像亲情关系那样深厚,是一种包含血缘、邻里、师生、同学、同事、同乡等的熟人关系,处于同心圆的中间层。这种社会关系适用"人情法则",即交往双方不仅预期将来可能再次进行情感性的交往,而且预期其共同关系网内的其他人也可能了解到他们交往的情形,并根据社会规范的标准加以评判。

　　学者们的划分基本基于费孝通的观点,以血缘、亲缘、姻缘、地缘等为基础呈现出差序格局的人际关系。其中,杨国枢(1993)借鉴黄光国的研究结果,更进一步按照儒家伦理所界定的亲疏程度将人际关系分为三大类:家人关系(父母、子女、兄弟、配偶及其他"拟似家人")、熟人关系(朋友、邻居及关系很近的连带)、生人关系(无直接联系或任何持久性社会联系的认识之人)。他同时分析了不同人际关系所适用的互动原则,其研究成为华人人际关系实证研究的重要基础,之后的学者在此基础上不断补充拓展并提出了新的人际关系类型。徐淑英、樊景立(1997)基于杨国枢的关系分类模式,进一步提出"生人关系"应分为两类。一类指具有共同特性的生人之间,即使没有交往的记录和人情的往来,但由于具有相同的背景、相似的经历或充任其他相似的社会角色等,其关系互动仍然会表现出与完全没有共同点的生人关系不同的互动原则和对待方式;另一类是完全没有共同点的生人关系。这两种生人类型的人际互动中也会呈现出不同的互动原则和对待方式。黄光国(1998)基于人情与面子理论模型将关系分为情感性关系(家庭/家族成员)、工具性关系(为了达到某种目的而与他人交往)和混合性关系(个人在家庭中所建立的各种关系)。宋艳涛、张冬丽(2005)将家族成员的关系类型分为强关系和弱关系。强关系又分为基于血缘、亲缘的家族关系和以姻缘、地缘、朋缘为基础的泛家族关系(包括亲戚朋友、同乡校友等);弱关系则以工具理性为标准而形成差序结构。ZHANG Y,ZHANG Z(2006)基于责任程度,将关系分为强制性的、互惠性的和功利性的三类。这些观点都是基于差序格局对人际关系的判断。

3.3　本章小结

　　关系嵌入与差序格局理论的研究取得了丰硕的成果,近年来将关系嵌入尤其是差序格局的中国关系嵌入企业的研究越来越多。

　　现实中对差序格局的关系嵌入理解和运用各有不同,但在笔者看来,它至少包括三个方面的内涵。(1)差序格局是具有层次性的。以费先生文中所述,将每个人比喻为中心,即石头坠落水面的那一点,由中心向外推出的每一圈都是个人的社会影响范围,同时也代表与个人的关系亲疏程度。差序格局应表现为情感上的差别和排序,形成有层次的情感,才有在平面上像水波一圈圈向外推出的画面感。(2)等级差别。乡土社会以道德而非法律维系着人与人之间的关系,维护社会的正常秩序,层次也决定了位置,位置决定着个人的行为方式和参考标准。所以,差序格局也体现着例行遵守的等级差别。在等级差别下,就必须坚守伦理道德。(3)能够说成格局,就说明这个经济结构是立体化的,既包括等级差别,还包括人际关系的远近亲疏。因此差序格局衍生出了"关系"的概念,关系差异与等级制未完全分化,是相互缠绕在一起的。从概念的外延来讲,"关系"涵括了"差序格局",也适合描述西方社会"团体格局"下的人际交互;在差序格局背景下,中国关系也呈现出差序格局的特点。

第4章

民营企业委托代理关系
与治理模式

4.1　民营企业委托代理关系

4.1.1 民营企业的界定

我国的法律中并没有"民营企业"的概念,但"民营企业"这个称呼在我国大陆和台湾地区广泛使用,具有强烈的中国特色。从广义上看,民营企业与国有独资企业是两个相对的概念,除了国有独资企业外,其他的企业都叫民营企业,所以民营企业是指非国有独资企业;从狭义上看,民营企业仅指私营企业和以私营企业为主体的联营企业,包括除国有独资企业、国有控股企业、外商独资和外商控股企业以外的所有企业。由于历史的和政治的原因,"私营企业"的概念带有意识形态的歧视,暗含资本主义剥削色彩,而"民营企业"这个名称显得更加中性。本书的"民营企业"就是采用狭义上的定义。

4.1.2 民营企业委托代理关系的特点

民营企业作为私人企业,有自由选择经营代理人的权利,且在不同的发展阶段存在不同的委托代理关系。

1.两权合一阶段

在民营企业初创时期,企业规模较小,企业创业者完全占有并控制企业,所有权与控制权高度合一。在这个阶段,不仅企业主担任经营者,其家族成员也占据了企业的主要领导岗位,一般员工岗位也大部分由沾亲带故的亲戚朋友担任,只留有少部分外聘员工岗位。根据 Gerisuck 等(1998)提出的家族企业三环发展模式,家族企业由企业、所有权和家族三个系统构成。在民营企业的初创期,企业的所有权都由家族拥有,企业委托代理关系非常简单,企业委托人即企业的代理人。如图 4-1 所示,企业主拥有企业的所有权,也控制了企业的经营决策权,企业其他高级管理人员和员工一般都来自企业主家族。

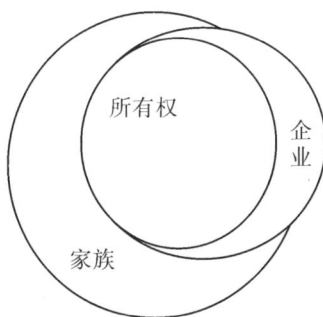

图 4-1　民营企业两权合一阶段的委托代理关系

2.经营权放开阶段

随着民营企业规模的不断扩大以及经营时空的不断拓宽,企业面临的经营环境变得非常复杂,所有权不断向家族内部和外部开放,股东人数增加对经营者管理能力的要求不断提高。作为民营企业的创始人,也需要从日常烦琐的经营管理工作中解放出来,才有精力去做企业发展的长远战略规划。大股东开始选择其信任的经营者,经营者的选择既要兼顾资质与能力,更要注重信用和忠诚。在制度化信任不健全的中国,关系信任成为民营企业选择经营者的主要依据,形成了家族化治理的模式。民营企业所有者与家族经营者或其他经营者之间构成了委托代理关系。

如图 4-2 所示,1 表示民营企业创始人的家族系统中没有参与企业持股与工作的人员,与企业没有关系;2 表示拥有民营企业所有权的外部股东,不在企业任职;3 表示既不是企业的股东,也不是创始人家族成员,但是是企业员工;4 表示既是民营企业股东也是家族成员;5 表示既是企业员工又是家族成员;6 表示家族成员持有股份,并在企业任职;7 表示外部股东且

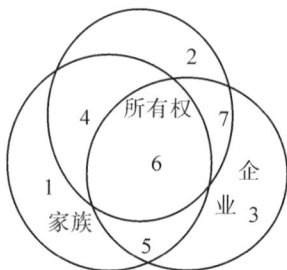

图 4-2　民营企业经营权放开阶段的委托代理关系

在企业任职。企业的所有者 2、4、6、7 与企业的经营者 3、5、6、7 形成委托代理关系。由于民营企业创始人及家族成员 4、6 持有相对最大的股份,掌握了企业的经营决策权,因而委托代理关系主要体现为 4、6 与 3、5、6、7 的委托代理关系。4、6 作为民营企业家族股东,在选择代理人时,优先考虑家族成员 5、6,其次才是外部人员 3、7。家族成员 5、6 能胜任经营者角色的人员有限,增强外部经营者 3、7 忠诚度和信任度的最好方法就是将他们尽量家族化。

如图 4-3 所示,7 和大部分的 3 都转变成了家族化成员。家族化有多种用途,如加强情感交流、人情往来,维持较亲密的关系等。民营企业采用老乡、同学、老同事、朋友等来做经营者,实际上就是一种泛家族化治理的过程。

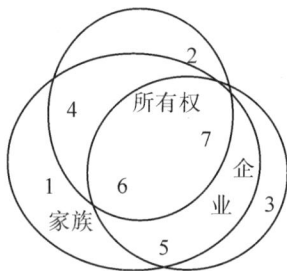

图 4-3　民营企业泛家族化治理过程

3.股权分散阶段

当民营企业进入快速发展壮大和成熟时期,由于企业经营和战略规划的需要,民营企业开始吸收外部资本,包括股权资本和债务资本。企业的所有权开始分散,图 4-4 的所有权环将向家族环外移动。如果企业在这个阶段上市,股东数量将急剧增加,股权分散将达到最大化。如图 4-4 所示,4 和 6 的家族内部股份减少,2 和 7 的外部股份增加。如果企业还采用债务融资方式,债权人将作为重要的利益相关者参与到公司治理中来。

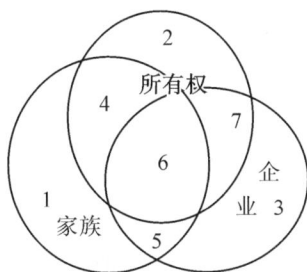

图 4-4 民营企业股权分散阶段的委托代理关系

在股权分散阶段,民营企业所有权不再为企业主唯一所有,企业的股东构成呈多元化趋势,既有创始人也有其家族成员持股,还有外部投资者持股。此时,创始人及其家族成员依旧持有企业相对多数的股份,仍然是绝对控股股东或相对控股股东。中小股东的持股比例相对较低,且比较分散,这时存在大股东与其他中小股东之间的委托代理关系。

当民营企业进行债务融资后,外部债权人将资金委托给企业进行投资以获取利息收入,作为企业的所有者,股东尤其是大股东与债权人之间构成了委托代理关系。

4.2 民营企业公司治理模式

如前所分析,中国的民营企业同时具有家族和企业两个系统的特征,这决定了民营企业的公司治理模式具有关系治理和契约治理的共同特点。以血缘和信任为纽带的关系治理被称为非正式治理,以法律和契约为基础的契约治理被称为正式治理。关系治理和契约治理互相补充,共同构成了现阶段我国民营企业的公司治理模式。

4.2.1 民营企业关系治理模式

民营企业受到家族文化的影响,天然具有差序格局、内外有别、血缘意识,以及自家人、自己人、外人意识。中国传统文化中的重义轻利、手足情深、光宗耀祖等文化观念对民营企业的公司治理产生了非正式的约束,建立在血缘、亲缘、地缘、学缘等关系基础上的差序格局信任使得公司治理具有关系的特征。在关系本位盛行的民营企业,个人的行为和公司治理机制都深深地受到关系的影响和制约。关系治理就是依赖于彼此的默契、互信、承诺和感情等关系规范来防止渠道合作中可能会发生的投机行为(董维维,庄贵军,2012)。

在内部治理机制上,民营企业经营运作不是基于明确的规章制度和完善的企业机制,而是依靠企业主、高级管理人员与其他内部人员之间的关系,从用人机制到激励约束机制再到监督机制都遵循关系亲疏原则。在董事会、监事会以及高级管理人员的安排上,将关系亲密、忠诚的自家人和自己人安排在关键岗位上,承担机密性的重要工作。对关系较远的外人高管进行勤密的工作过问和指导,将自家人或自己人安插在外人高管的副职岗位上进行监督。在激励约束机制上按照自家人、自己人、外人实施亲疏有别的政策,并依信任程度实施内外有别的监督行为。对于家族成员的激励约束与其能力和业绩相关度较低,报酬兼顾人情和亲情因素。对于外部职业经理人,完全按照业绩和能力来支付报酬,并对其经营决策权力和行为设置较多约束条件,明里暗里对其行为进行监督。

在外部治理机制上,民营企业注重同外部利益相关者的关系嵌入,通过企业所有者或高管的政治关联、董事联结等方式与政府、银行、会计师事务所、资产评估机构、证券分析师、供应商、经销商等外部经济主体建立和维持友好的关系,以获得经营权特许、信贷支持、信息获取、供应链、经销渠道等资源,相对于不注重外部关系治理的企业能获得更多的竞争优势。

民营企业关系治理模式能够较好地解决委托代理过程中的信息不对称和信任问题,尤其是在企业发展困难时期通过共同信念、互惠、自我约束以及关系支持渡过难关,节约交易成本,提高企业应对易变环境的灵活性和高效性。当企业组织规模和人员规模不断增大,交易趋向复杂化,外部环境更加复杂模糊时,关系治理就会出现局限性,原有的关系格局和关系网络将阻碍企业的发展,出现代理能力不足、公司管理混乱的局面。

4.2.2 民营企业契约治理模式

在企业公司治理中,基于法律、规则等契约精神建立的有明确的合同范本形式规范当事人的各种权利义务关系的正式治理手段,称为契约治理。随着民营企业的成长与两权分离的出现,外部专业的职业经理人进入企业。由于企业主及家族成员与外部人的关系联系少,信息不对称导致安全感严重缺乏,这时需要外部人与企业签订明确的、详细的契约,依靠明晰的合约以及一系列规章制度来减少行为主体的机会主义行为,维持各方的合作关系。

契约的自觉履行压力来自契约的违约成本。违约成本主要包括两个方面:一是合同履行中止所带来的专用性资产的损失,二是违约方在市场上造成的声誉损失。当两种损失之和大于违约所得利益时,理性的代理人将选择继续履约;当违约成本小于违约收益时,理性的代理人将选择违约。

契约治理在民营企业中的运用能够冲淡企业主与高管以及员工之间的宗法关系,建立相对公平与科学的正式治理体系,董事会、监事会的治理结构更规范,激励约束制度更公平公正,监督机制更科学合理,能更明晰各利益相关主体之间责、权、利关系(袁静等,2012)。然而,人是不完全理性的,不可能设计出完备的契约来防备代理人的任何机会主义行为,契约在设计和执行过程中存在着或多或少的漏洞,因此契约是不完全的。加上人天生具有机会主义倾向,当违约有可能给对方造成重大损失时,契约成为谋取利益、威胁对方的工具。

契约的不完全性和有限理性的行为人使得契约治理刚性有余,柔性不足。关系治理则利用了人的社会性特点,弥补了契约治理的不足。尽管固有的关系框架和思维可能会阻碍契约治理的进程,但我们可以在矛盾中寻找平衡点,不至于使民营企业的公司治理陷入关系治理的漩涡而效率低下,也不会只学西方的契约治理,使得公司治理水平低下,困难重重。因此,民营企业的公司治理应走关系治理和契约治理协同治理的模式,取长补短,协同发展。

4.2.3 关系治理与契约治理协同治理模式

在民营企业公司治理中,家族化和关系嵌入是其运行的基本属性,关系治理模式是一种天然和必然的选择。而民营企业的基业长青需要突破血缘、亲缘、业缘、地缘关系的限制,契约治理作为一种先进的、规范的治理模式,是民营企业发展壮大必需的选择。两种治理模式既有冲突,也有互补,只要精心设计,二者能够协同治理,发挥各自的优势。

图 4-5 显示了民营企业关系治理和契约治理的协同治理模式。契约治理着重建立正式的协同治理结构,建立规范的公司治理制度。关系治理着重建立民营企业的共同愿景,将外部职业经理、内部家族成员和泛家族成员纳入统一的信任体系中来,建立企业内部人员之间的合作信任机制和企业与外部利益相关者的合作信任机制。在关系信任主义社会,增强对外部代理人信任的最好方式是增强委托代理双方的联系和交往,在保持"关系"来往中减少信息不对称,增强彼此的了解,提高信任度。

关系治理与契约治理孰轻孰重要视民营企业所处的发展阶段以及具体的经营事项而定,二者的协同治理能发挥各自的优势,弥补各自的不足,达到提高民营企业公司治理水平的目的。

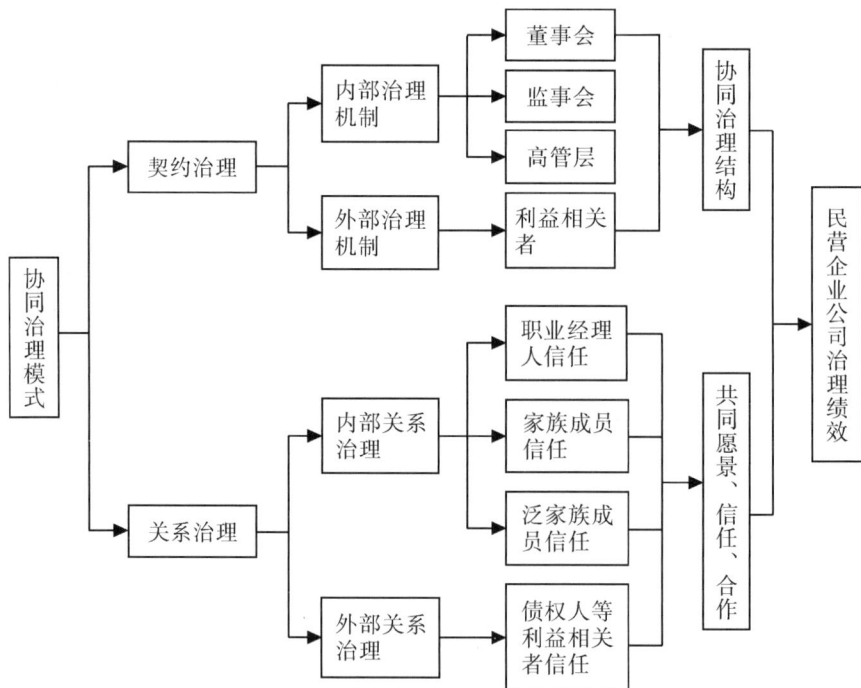

图 4-5 关系治理与契约治理的协同治理模式

(借鉴田银华、周志强、廖和平《动态三环模式与家族企业产权契约治理研究》中的"显性契约与隐性契约协同治理模式")

4.3　本章小结

　　本章对关系嵌入理论、民营企业委托代理关系以及民营企业公司治理模式进行了阐述。在中国关系文化背景下,关系嵌入了民营企业的公司治理中,影响了民营企业的委托代理关系。当今环境下,民营企业采用关系治理和契约治理协同治理的模式,是我国民营企业公司治理模式的最佳选择。关系治理侧重企业内部人员以及外部组织间的信任建设,契约治理侧重正式的组织治理结构和制度建设。二者取长补短,协同治理,能提高民营企业的公司治理水平。

第 5 章

差序格局的关系嵌入对民营
企业代理成本影响的理论模型

在我国,关系已经是一种文化,影响并决定着人们的思维习惯和行为方式。在研究中国民营企业的许多文献中,关系和信任被经常分析和研究,关系和关系信任已经深深根植于企业组织中,并在很大程度上超过了正式组织的作用。关系是体现中国各种各样非正式经营惯例的最佳术语(覃忠,2010)。本章主要研究民营企业所有者与经营者的关系嵌入性及其对代理成本的影响。

5.1 民营企业经营者选择的关系嵌入性

在民营企业的起步阶段,企业主要面对的是一个以家族为中心扩展的"熟人"社会,亲属关系、宗族关系、老乡关系等在民营企业大行其道,可以为企业发展获得原生性的社会资本。这种社会资本在民营企业的初创阶段起到了节约经营成本和降低经营风险的作用。随着民营企业的发展和壮大,不断有外部新人加入,初期依赖于亲缘、地缘、业缘等"熟人"关系建立的组织结构以及决策行为机制受到挑战,逐渐有了引入正式契约化治理结构的诉求,有些企业开始寻求外部职业经理人的制度化治理。但绝大部分民营企业都是以家族化或泛家族化治理为主,正式契约治理为辅。

民营企业在选择经营者时,忠诚和信任是排在第一位的要素。一个人的经营能力即使再强,如果不能获得民营企业主的信任,也不会被选择。构成信任的信心来自两个角度:一是社会信用和道德规范,这类信任主要是以法律制度以及社会道德价值观为基础,通过约束和惩罚发挥作用。在一个社会信用和道德规范程度比较高的社会,人们对他人的信任是一种普遍主义信任和制度化信任。二是建立在个人关系之上的信心,按照与自己的关系亲疏而信任有别,并在长期关系或交易中动态地记录和进行信任管理(李新春等,2002)。由于法制的不健全和道德约束,中国是一个内外有别的差序式关系信任的社会,这种特殊的信任环境影响了企业经营者的选择,企业主按照关系嵌入的差序格局来选择经营者。

　　根据费孝通的差序格局理论和雷丁的同心圆理论,民营企业主这种以己为中心的差序格局关系网络可以根据两条线路来认同:一是根据血缘关系形成一个"我—亲人—熟人—外人"的序列;二是根据主观关系即心理认同的距离,形成 一个"我—自家人—自己人—外人"的序列(如图 5-1 所示)。差序格局以同心圆向外扩散,按照不同的关系形成不同的圈子,不同的圈子适用不同的道德标准和行为模式。最内层的圈子是自己,以自己的喜好和利益为判断中心。下一个圈子是亲人或自家人,是由具有血缘、姻缘、亲缘关系的家族人组成的,这种关系是最亲密、最稳定的,信任度最高。再下一个圈子是熟人或者自己人,是由老乡、同学、朋友、同事等地缘、业缘、血缘关系构成的圈子,遵照"人情交换法则",其特殊信任是通过频繁的人情交换建立起来的。最外一个圈子是指与自己没有"关系"的人,既不是亲人也不是熟人,有可能认识也可能不认识,认识也仅限于知道,不存在人情交换,这种关系与自己是最远的,信任度也最低,需要正式契约的约束。

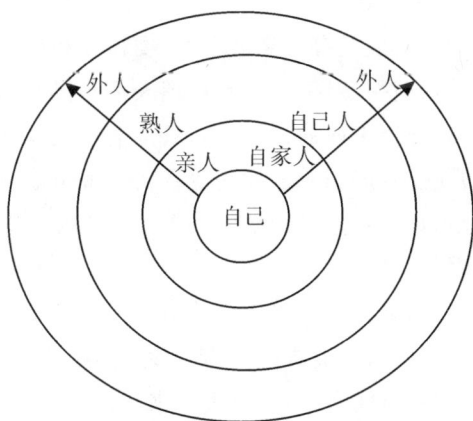

图 5-1　根据雷丁的同心圆理论改造的差序格局图

民营企业主选择经营者时,首先考虑的是与自己关系非常亲密的家族成员,血缘、亲缘、姻缘关系联结的家族成员是最值得信任的。Sun 和 Wong(2002)认为家庭成员的信任关系支撑着民营企业的发展。家族成员作为经营者,与企业主彼此信任,并且有一致的价值观和行为准则,对企业主和企业非常忠诚。这种天然的信任使得家族成员产生无私奉献的利他主义行为,亲缘关系所形成的终身契约有利于降低外部的不确定性,保护企业商业机密,减小高管流动给经营造成的冲击,有利于家族业主长期控制企业,降低委托代理成本(Litz,1995)。当然,家族化治理也可能在某些方面加重委托代理问题,如"搭便车"和偷懒,资源分配的低效率和不公平(Schulze,2003;Karrra,2006)。虽然一些家族经营者也会产生道德风险,侵害企业和股东利益,但家族业主的权威可以将家族代理人的机会主义行为控制在可接受的范围内(连燕玲等,2012)。

随着民营企业的发展,局限于家族成员的经营者选择面临的最大问题是优质管理资源的稀缺。首先,维持血缘、姻缘和亲缘关系的家族成员的数量是有限的;其次,要在这些有限的家族成员中选择有能力的经营者资源也是有限的。这种家族成员资源的天然局限性,使得民营企业将经营者的选择圈扩大到熟人区域,从熟悉的老乡、同学、同事、朋友中去选择合适的经营者。民营企业主通过感情、人情、交情等将地缘、业缘、学缘关系的熟人经营者变成自己人,将家族外部人士家族化,以泛家族化形式和家族化的手段经营企业。由于这些熟悉的"自己人"不是"自家人",其感情的维系需要双方花费较多的时间和精力;"自己人"化的过程可能是漫长的,其间存在大量的情感性和工具性交换;交换是有较高成本的,委托人和代理人不会轻易破坏两者的关系,关系一旦破裂,对企业主和代理人都是很大的隐性损失,所以,通常熟人经营者必须选择忠诚的、可信的,只是信任成本高于家族成员。

当民营企业的规模发展到一定程度或者实现了跨地、跨业经营时,需要更专业化的经营者,职业经理人在众多的理论和实践中备受推崇。作为现代的先进企业治理制度,职业经理化是必由之路。外部职业经理人拥有比家族成员和熟人经营者更专业的知识背景和从业经历,拥有更广泛的社会网络和资源,能够带领民营企业走出家族主义发展的瓶颈。外部职业经理人与民营企业主交往的时间有限,少有人情来往,交情不深,感情不厚,缺少特殊的"关系"资源。由于交往有限,缔约双方彼此了解不深,存在较大的信息不对称。在这种情况下,职业经理人可能存在隐瞒能力的道德风险,加上职业经理人市场的声誉机制缺失,民营企业主对外部职业经理人普遍不信任。在信任缺失的情况下,企业主只能通过与外部职业经理人签订正式的完善的代理合同,以减少职业经理人的道德风险和机会主义行为。由于关系信任的缺失,加上制度信任的不健全,民营企业主对职业经理人非常不信任,生怕外人的不忠损害自己的利益,由此往往导致对职业经理人过度监督和干预,导致较高的代理成本,也束缚了职业经理人能力的发挥。

5.2　基于差序格局的关系嵌入
对代理成本影响的理论模型

5.2.1 基于差序格局的关系嵌入对代理成本影响的机理分析

民营企业主即大股东在选择经营者时按照关系的差序格局来选择,因而将关系嵌入了传统的委托代理关系,改变了传统的委托代理模型中完全经济人和完全理性人的假设前提,参与人的社会化和关系的利他主义等因素将对委托代理行为产生影响。经营者与大股东的关系嵌入强度决定了二者的信任程度,继而影响了经营者和大股东的代理行为和监督行为,对股权代理成本产生了影响。而经营者与大股东行为模式的变化,也会影响大股东与中小股东之间以及股东与债权人之间的委托代理行为,对大股东代理成本和债务代理成本产生影响。基于大股东与经营者差序格局的关系嵌入对民营企业委托代理成本的影响机制如图 5-2 所示。

1.基于差序格局的关系嵌入对股权代理成本的影响

企业股东在选择经营者时,根据投票权来决定,大股东掌握绝对的话语权。大股东根据"自己—亲人—熟人—外人"的格局选择经营者,并根据这种差序格局依不同的关系嵌入对象确定合作和信任的程度,并实现差序化的监督和激励机制。经营者作为代理人,依照自己与大股东的关系嵌入强度确定努力的水平和忠诚利他的程度。关系嵌入越强,信任度越高,忠诚利他主义越强,则监督约束越弱。因而,大股东与经营者的关系嵌入越强,其监督成本越低,经营者机会主义行为越少,股权代理成本越低。

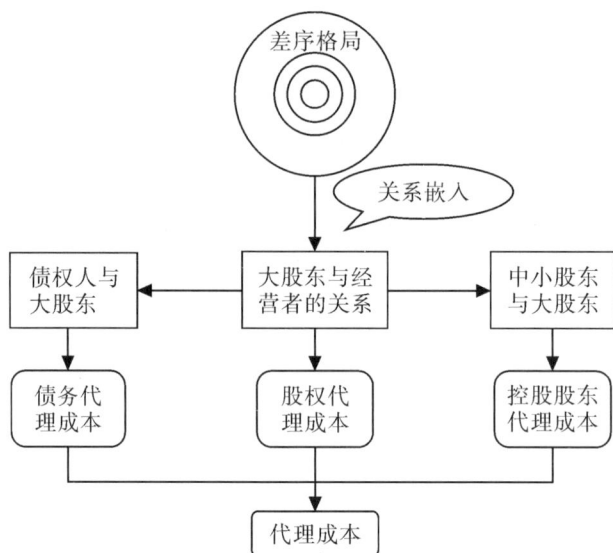

图 5-2　基于差序格局的关系嵌入对代理成本的影响机制

2.基于差序格局的关系嵌入对大股东代理成本的影响

大股东与经营者的关系嵌入越强,经营者与中小股东的关系嵌入就越弱,代表和维护大股东的利益越强烈。在大股东与中小股东利益发生冲突时,往往选择牺牲和侵害中小股东利益。大股东与经营者的关系嵌入越弱,在大股东掏空、侵占中小股东利益时,经营者与大股东合谋的概率越小,从而越少侵占中小投资者的利益。中小股东根据大股东选择经营者的差序格局确定投资的大小,进而影响企业的财务杠杆,对经营者的经营施加压力。三者的博弈结果会影响控股大股东代理成本,大股东与经营者的关系嵌入越强,对中小股东的利益侵占越严重,中小股东在股票市场用脚投票的概率越大,使得大股东代理成本越高。

3.基于差序格局的关系嵌入对债务代理成本的影响

大股东与经营者关系嵌入越强,经营者与大股东合谋的概率越强。大股东为了自己的利益或经营者为了经营目标彼此合谋,将企业的债务融资用于不合法或不合规的用途,这增加了企业的经营风险和债务的违约风险,从而损害债权人利益。债权人依据大股东与经营者的差序格局确定其投资风险的大小,对债务融资的监督和风险补偿提出不同的要求。同样,三者的博弈影响了债务代理成本。大股东与经营者的关系嵌入越强,合谋的概率越大,对债权人的利益侵占越大,从而债务代理成本越高。

4.基于差序格局的关系嵌入对总代理成本的影响

在大股东、中小股东、债权人、经营者的行为博弈中,经营者扮演了中心角色。经营者的决策行为会直接影响其他三类行为人的利益。经营者与大股东的关系嵌入决定了四者的利益天平。当经营者与大股东的关系嵌入很强时,经营者与大股东获得的利益就越多,中小股东和债权人获得的利益就越少。大股东与经营者差序格局的关系嵌入方式和强度对三类代理冲突产生了影响,行为人因关系嵌入强度而产生不同的博弈行为,并影响所有人的利益分配,进而影响总的代理成本。

5.2.2 基于差序格局的关系嵌入对代理成本影响的理论模型

倪得兵等(2011)的模型将关系理解为一种外生于显性激励问题的隐性合同,从关系网络中抽出两个个体的私人关系嵌入委托代理模型,建立了一个将显性激励问题"嵌入"关系维持过程的三阶段模型。他们将每个行为人视为差序结构中的节点,每个行为人会受到差序格局节点的影响。关系基础是先于关系双方行为存在的,关系相对于行为是外生的变量,合同双方不能改变关系的性质,但可以选择不同的关系行为。本书借鉴他们的思路,将民营企业大股东与经营者关系嵌入委托代理行为中,看这种差序格局的关系嵌入对二者之间的委托代理关系的影响,以及这种关系嵌入对中小股东、债权人利益的影响,从而判断其对代理成本的影响。

1.模型假设

为描述大股东和经营者之间嵌入的差序格局关系对双方策略性互动行为的影响以及这种关系对第三方(中小股东、债权人)利益的影响,做如下假设:

假设 1:经营者的显性业绩生产函数为 $y = \eta e_1 + \varepsilon$,其中,$y$ 为可证实的产出;$e_1 \geqslant 0$,为经营者用于生产显性业绩的努力水平;$\eta > 0$,代表经营者的能力(即努力的边际显性产出);ε 为随机扰动项,服从正态分布 $\varepsilon \sim N(0, \delta^2)$。

假设 2:大股东和经营者之间的某种关系已经建立。但该关系基础需要双方共同实施努力 e_2 才能维持(强化),从而获得关系利益 $G = ke_2$,其中 k 代表差序格局,衡量的是关系嵌入的强度。k 越大,表示差序格局越远,关系越不亲密,关系双方从中获取的关系利益越少。e_2 代表经营者建立维护关系的努力水平,即维持关系的努力水平。经营者得到的关系利益分成比例是 λ,大股东得到 $1-\lambda$。

假设 3:经营者的精力是有限的,$e_1+e_2=1$。经营者的工作努力水平的成本为 $\frac{1}{2}c_1e_1^2$,维持关系的努力水平的成本为 c_2e_2。$c_1>0$,$c_2>0$,分别代表工作努力、关系努力成本的边际效应。

假设 4:经营者获得显性业绩支付 $W=\alpha+\beta y$,其中 α 为固定工资,β 为经营者可证实产出的线性提成比率,则大股东获得显性业绩支付 $(1-\theta)[(1-\beta)\cdot\eta e_1-\alpha]$,中小股东和债权人获得 $\theta[(1-\beta)\eta e_1-\alpha]$,$\theta$ 为大股东与中小股东及债券人的利益分成,中小股东和债权人为 θ,大股东为 $1-\theta$。

假设 5:大股东、中小股东、债权人是风险中性的,经营者具有常数绝对风险厌恶系数(CARA)的效用函数。

2.模型推导

(1)由假设 1~5 可知,经营者获得的确定性等价效用为:

$$U_1=\alpha+\beta\eta e_1+\lambda k e_2-\frac{1}{2}c_1e_1^2-c_2e_2-\frac{1}{2}\rho\beta^2\eta^2\delta^2$$

其中,$\frac{1}{2}\rho\beta^2\eta^2\delta^2$ 是代理人在工作上的风险成本。

一阶最优条件为:

$$\frac{\partial U_1}{\partial e_1}=\beta\eta-\lambda k-c_1e_1+c_2=0$$

即

$$e_1^*=\frac{\beta\eta-\lambda k+c_2}{c_1} \tag{5-1}$$

可知 $\frac{\partial e_1^*}{\partial k}=-\lambda/c_1$,由于 $\lambda>0$,$c_1>0$,可得,$\frac{\partial e_1^*}{\partial k}<0$。即可得命题 1:

> 命题 1:最优工作努力水平与差序格局(关系嵌入程度)呈反比,即差序格局越大,关系嵌入越弱,经营者利益最大化时的努力水平越低。

根据代理成本理论,经营者的努力水平越低,给企业和股东带来的代理效率上的损失越大,从而导致股权代理成本越高。由此,得出推论 1:

> **推论 1**:差序格局越大,关系嵌入越远,股权代理成本越高。

(2)大股东利益最大化时的效用函数模型如下:

$$\max U_2 = (1-\theta)\left[(1-\beta)\eta e_1 - \alpha\right] + (1-\lambda)k e_2 \tag{5-2}$$

$$\text{s.t.(IR)} \alpha + \beta\eta e_1 + \lambda k e_2 - \frac{1}{2}c_1 e_1^2 - c_2 e_2 - \frac{1}{2}\rho\beta^2\eta^2\delta^2 \geqslant 0 \tag{5-3}$$

$$\text{(IC)} e_1 = e_1^*, e_2 = e_2^* \tag{5-4}$$

将(5-3)、(5-4)代入目标函数(5-2)可得:

$$U_2 = (\eta - \theta\eta + \lambda k - \theta k + c_2 - c_2\theta)e_1 - \frac{1}{2}c_1(1-\theta)e_1^2 - \frac{1}{2}(1-\theta)\rho\beta^2\eta^2\delta^2 -$$

$$(\lambda - \theta)k - (1-\theta)c_2$$

再将 $e_1^* = (\beta\eta - \lambda k + c_2)/c_1$ 代入上式并对 k 求导,判断 k 的系数,可得:

$$\frac{\partial U_2}{\partial k} = A + \frac{\theta\lambda^2 - 3\lambda^2 + 2\lambda\theta}{c_1}k(A \text{ 为与 } k \text{ 无关的系数})$$

当 $\lambda = \theta$ 时,因 θ 和 λ 都小于 0,所以 $\dfrac{\theta\lambda^2 - 3\lambda^2 + 2\lambda\theta}{c_1} < 0$;

当 $\lambda < \theta$ 时,也得到 $\dfrac{\theta\lambda^2 - 3\lambda^2 + 2\lambda\theta}{c_1} < 0$;

当 $\lambda > \theta$ 时,也得到 $\dfrac{\theta\lambda^2 - 3\lambda^2 + 2\lambda\theta}{c_1} < 0$.

可知无论关系利益的提成比例以及大股东与其他利益相关者的分享系数为多少,k 的系数都为负,即得命题 2:

> **命题 2**:最大化股东利益时,大股东与经营者的关系越弱(差序格局的层次越远),大股东得到的效用越小。

根据委托代理理论,大股东得到的效用越小,大股东从中小股东和其他利益相关者攫取的利益越小,则大股东代理成本越低。可得推论 2:

> **推论 2**:差序格局越大,关系嵌入越远,大股东代理成本越低。

(3)其他利益相关者(中小股东和债权人)利益最大化时的效用函数模型如下:

$$\max U_3 = \theta[(1-\beta)\eta e_1 - \alpha] \tag{5-5}$$

$$\text{s.t.(IR)} \alpha + \beta\eta e_1 + \lambda k e_2 - \frac{1}{2}c_1 e_1^2 - c_2 e_2 - \frac{1}{2}\rho\beta^2\eta^2\delta^2 \geq 0$$

$$\text{(IC)}e_1 = e_1^*, e_2 = e_2^*$$

将(5-3)(5-4)代入目标函数(5-5)可得:

$$U_3 = (\theta\eta - \theta\lambda k + \theta c_2)e_1 - \frac{1}{2}c_1\theta e_1^2 - \frac{1}{2}\theta\rho\beta^2\eta^2\delta^2 + \theta\lambda k - \theta c_2$$

再将 $e_1^* = (\beta\eta - \lambda k + c_2)/c_1$ 代入上式并对 k 求导,判断 k 的系数,可得:

$$\frac{\partial U_3}{\partial k} = B + \frac{\theta\lambda(2\lambda-1)}{c_1}k(B \text{ 为与 } k \text{ 无关的系数})$$

当 $\lambda = 1/2$ 时,$\dfrac{\theta\lambda(2\lambda-1)}{c_1} = 0$;

当 $\lambda > 1/2$ 时,$\dfrac{\theta\lambda(2\lambda-1)}{c_1} > 0$;

当 $\lambda < 1/2$ 时,$\dfrac{\theta\lambda(2\lambda-1)}{c_1} < 0$。

可知关系利益的提成比例影响了其他利益相关者(中小股东和债权人)的效用,k 的系数要视情况而定,可得命题 3:

> 命题 3:当 $\lambda > 1/2$ 时,即经营者关系利益分配比例超过大股东,最大化其他利益相关者(中小股东和债权人)的利益,随着大股东与经营者的关系嵌入越弱(差序格局的层次越远),其他利益相关者(中小股东和债权人)的效用越大。当 $\lambda < 1/2$ 时,即经营者关系利益分配比例低于大股东,最大化其他利益相关者(中小股东和债权人)的利益,随着大股东与经营者的关系嵌入越弱(差序格局的层次越远),中小股东和债权人得到的效用越小。当 $\lambda = 1/2$ 时,即经营者关系利益分配比例等于大股东,最大化其他利益相关者(中小股东和债权人)的利益与关系嵌入无关。

根据股东与债权人的委托代理理论,债权人的效用越低,说明其被侵占的利益越多;反之,其被侵占的利益越少。因此可得推论 3:

> 推论 3:当 $\lambda > 1/2$ 时,差序格局越大,关系嵌入越弱,债务代理成本越低;当 $\lambda < 1/2$ 时,差序格局越大,关系嵌入越弱,债务代理成本越高;当 $\lambda = 1/2$ 时,差序格局的关系嵌入与债务代理成本无关。

5.3 本章小结

本章以关系嵌入与代理成本理论为理论基础,通过理论推导出基于差序格局的关系嵌入对三类代理成本的影响机制和模型,从而得出以下结论:

(1)在我国,关系以差序格局的形式嵌入社会生活的方方面面,影响了人们的价值判断和行为取向。差序格局的关系嵌入形式也深深地影响了企业的委托代理行为,差序格局式的用人机制导致了公司监督机制、报酬机制以及信任机制的差序格局。

(2)代理成本依不同的利益关系可分成三种典型,影响代理成本的因素有很多。经营者作为经营决策的实施者,其行为动向决定了大股东、中小股东、债权人等利益相关者的收益大小和收益分成。经营者到底是谁的人,代表谁的利益,取决于其与利益相关者的关系嵌入强度。

(3)关系嵌入对股权代理成本的影响机制为:大股东与经营者的关系嵌入越强(差序格局越小),经营者倾向于更努力工作,利他主义行为越强,从而节约了股权代理成本;反之,随着大股东与经营者关系嵌入强度的降低(差序格局越大),股权代理成本越高。

(4)关系嵌入对大股东代理成本的影响机制为:大股东与经营者的关系嵌入越强(差序格局越小),大股东越想侵占中小股东利益,经营者配合大股东的概率越大,那么大股东代理成本越高;反之,随着大股东与经营者关系嵌入强度的降低(差序格局越大),大股东代理成本越低。

(5)关系嵌入对债务代理成本的影响机制为:大股东与经营者的关系嵌入对债务代理成本的影响要依大股东与经营者的关系利益提成比例而定,当经营者的关系利益提成比例高于大股东时,随着二者关系嵌入的增强(差序格局的层次越近),经营者越倾向于与股东合谋侵占债权人和中小股东利益,那么债务代理成本越高;当经营者的关系利益提成比例小于大股东时,随着二者关系嵌入的增强(差序格局的层次越近),股东与经营者合谋侵占债权人利益的概率变小,从而降低了债务代理成本。当经营者的关系利益提成比例等于大股东时,债务代理成本与关系嵌入强度无关。

差序格局的关系嵌入对民营企业委托代理行为和代理成本的影响得到了理论上的结论,但还要通过实践来检验。后续工作主要以民营上市公司为样本来检验。

第 6 章

民营企业关系嵌入与差序格局的现状 ——以民营上市公司为样本

6.1　数据的获取与说明

通过文献研究和理论分析发现,我国民营企业在选择经营者时以与企业主的关系强弱为主要考虑因素。为了更客观、更全面地展现民营企业主与经营者关系强弱的差序格局现状和用人机制,本研究以民营上市公司作为民营企业的代表,选择上海和深圳交易所 2007—2012 年的民营上市公司进行统计分析。

6.1.1 研究对象的选择

为了获得民营上市公司大股东与经营者的关系数据,本研究以公司的实际控制人作为大股东代表,以总经理作为经营者的代表。民营企业实际控制人承担了对经理人的监督功能,民营企业控制权的实际委托方是公司实际控制人(李建博,2013)。实际控制人是指在统计当年的年报中披露的实际控制人,且实际控制人在当年全年都不发生变化。上市公司对总经理有不同的称呼,本研究将包括总经理、总裁、CEO、执行总裁等在内的最高层经营者都归入总经理,当年没有总经理的公司以高管层的最高决策者作为总经理。本研究从香港理工大学中国会计与金融研究中心和深圳国泰安信息技术有限公司联合开发的《上市公司财务数据库》(CSMAR)民营上市公司数据库下载民营上市公司 2007—2012 年的样本共 5 968 个。为了保持数据口径的一致性,删除了当年上市时间短于 1 天的公司 143 家。金融行业与其他行业在经营上存在很大的不同,因此删除金融行业 33 家公司。对于经过证监会特殊处理的公司,可能存在频繁变换实际控制人和总经理的情况,因此删除当年带有 ST、*ST、S 的公司共 722 家。因要考察两个个体之间的关系,所以删除实际控制人是非自然人的公司共 586 家。最终有 1 283 家民营上市公司共 4 484 个年度样本。从数据库中可以获得民营上市公司实际控制人的名字和简历、总经理的名字。

6.1.2 关系嵌入的衡量

对关系嵌入的量化方法,目前使用最多的是问卷调查方式。Granovetter 最先用调查问卷测量在特定交易中交易方的内在关系及关系所承担的义务强度和义务的持续程度,以及相对同行与六类外部实体联系的诚信程度和互惠程度。后继学者提出了更多的测量维度,如合作亲密程度(如 Law,et al.,2000;Leung,et al.,2005),组织内关系行为维度和关系普遍性维度(Chen,2004),感情维度,互惠维度和面子维度(Lee,Dawes,2005),信任、信息共享和共同解决问题三个维度(McEvily,2005;Gulati,2007;蒋天颖等,2012)。

还有一些学者通过关系的类别来测度,如 Peng(2000)等、Faccio 等(2006)、李维安等(2010,2013,2014)区分公司高管与政府是否存在政治关联,刘晓霞等(2013a,2013b)将关系嵌入强度按由强至弱分为四个类别并赋值来测度,陆瑶等(2014)用董事会成员的老乡比例来衡量老乡关系,王明琳等(2014)用演化生物学的 Hamilton 亲缘系数来衡量家族企业的亲缘关系。也有一些学者用代理变量的方法来测量关系,如用是不是相关协会的会员以及捐赠和娱乐公关费来表示关系的强弱(Qizi Zhang,2006)。个别学者用实验的方法来量化关系,如潘剑波(2013)通过在实验中设置被试与拍卖人不同的背景控制关系变量。

本研究采用刘晓霞(2013a,2013b)的方法,将民营上市公司实际控制人与总经理的关系嵌入按由强至弱分成自己、亲人、熟人和外人四类,呈差序格局并分别赋值 1、2、3、4。"自己"是指实际控制人本人;根据血缘、亲缘、姻缘关系来判断实际控制人与总经理是否是亲人;根据地缘(是否来自同一个省)、学缘(是否是同学或来自同一个学校)、业缘(是否是旧同事)关系来判断是否是熟人;本人、亲人、熟人以外的关系以及找不到两者关系的样本都归入外人关系。

6.1.3 关系嵌入的搜集方法

实际控制人与总经理的关系嵌入没有现成的数据,需要一个个搜集。本书主要通过新浪财经、百度搜索来完成。首先,通过新浪财经的"公司高管"以及公司年度报表查找实际控制人和总经理是否与国泰安 CSMAR 数据库提供的实际控制人名字和简历、总经理的名字相同,如不同,则以年报披露的名字为准;如当年实际控制人和总经理发生了变化,以当年上任时间至少在 6 个月以上为准。然后,对实际控制人与总经理的籍贯和总经理的学历、性别、年龄进行搜集,年报和高管简历里会披露一些数据,有些数据不全的通过百度等搜索工具进行搜索。同时,在搜索实际控制人和总经理的名字、任期、籍贯、学习经历、工作经历等信息过程中,查看实际控制人和总经理是否存在血缘、亲缘、姻缘、地缘、学缘、业缘关系,这些关系通过互联网公开的报道获得,有些难以判断的关系通过打电话给公司予以确认,仍然无法判断的关系嵌入类型归入外人。最后,对所有数据进行反复检查和核对,确保数据的真实性和准确性。

6.2 民营上市公司关系嵌入与差序格局的现状

6.2.1 民营上市公司分年度的关系嵌入分布

表 6-1 显示了民营上市公司 2007—2012 年分年度样本四类关系嵌入的基本情况。其中 2007 年样本 396 家,占样本总数的 8.83%;2008 年样本461 家,占样本总数的 10.28%;2009 年样本 546 家,占样本总数的 12.18%;2010 年样本 798 家,占样本总数的 17.8%;2011 年样本 1 068 家,占样本总数的 23.82%;2012 年样本 1 215 家,占样本总数的 27.1%。样本数呈递增趋势,是因为每年有新的民营企业上市。6 年共 1 283 家民营上市公司,

4 484个年度样本。

表 6-1 民营上市公司分年度关系嵌入样本分布

单位:家,%

年度	关 系									
	本人		亲人		熟人		外人		合计	
	数量	比例	数量	比例	数量	比例	数量	比例	数量	比例
2007	87	21.97	31	7.83	201	50.76	77	19.44	396	8.83
2008	117	25.38	44	9.54	217	47.07	83	18.00	461	10.28
2009	169	30.95	50	9.16	237	43.41	90	16.48	546	12.18
2010	345	43.23	66	8.27	290	36.34	97	12.16	798	17.80
2011	500	46.82	88	8.24	348	32.58	132	12.36	1 068	23.82
2012	558	45.93	104	8.56	397	32.67	156	12.84	1 215	27.10
合计	1 776	39.61	383	8.54	1 690	37.69	635	14.16	4 484	100.00

数据来源:作者通过上市公司年报、新浪财经、百度搜索手动搜集整理。

根据表 6-1 的数据信息,我们还可以分年度看民营上市公司实际控制人与总经理关系嵌入类别的数量和比例。本人总经理的比例呈上升趋势,最高年份占比达到 46.82%,在总样本中占 39.61%,说明民营上市公司由实际控制人亲自担任总经理的比例很高。亲人总经理的比例在各年份都偏低,占总样本的比例只有 8.54%。这和民营企业现在的传承困境一致,一方面是实际控制人自己占据总经理的位子,另一方面可能是创始人或实际控制人的子女还不到年纪或者可胜任经营者角色的亲人太少。

熟人总经理的数量从各年度来看有下降的趋势,其中 2007 年比例最高,达到 50.76%;总数量也占到总样本的 37.69%,几乎与实际控制人自己担任总经理的比例相当。在统计中,笔者还发现绝大部分的熟人来源于老乡,接近 90%,这与陆瑶等(2014)对沪、深两市上市公司的"老乡"关系调查基本吻合,说明很多民营上市公司还是喜欢用本地人。外人总经理的比例占总样本的 14% 左右,说明真正的职业经理人制度在民营企业中还很难普及。

6.2.2 民营上市公司分地区的关系嵌入分布

表 6-2 是对民营上市公司分省分年度统计数据。以民营上市公司的注册省份地为公司所在地分年度统计,目的是了解民营上市公司的地域分布情况。地域都有各自的特色和文化背景,对于企业的用人机制和关系选择都有影响。

从表 6-2 中我们可以看出,民营上市公司样本在各地域的分布很不均匀,数量最多的是广东省(782 个)和浙江省(740 个)。数量最少的是青海省,只有 11 个年度样本。

表 6-2 民营上市公司分省市分年度统计

单位:家

公司注册地	年 份						总计
	2007 年	2008 年	2009 年	2010 年	2011 年	2012 年	
安徽省	9	12	15	20	33	33	122
北京市	13	15	23	45	72	92	260
福建省	16	19	21	35	42	45	178
甘肃省	6	7	8	8	8	8	45
广东省	61	73	90	145	193	220	782
广西壮族自治区	7	8	8	7	10	10	50
贵州省	3	3	3	5	5	7	26
海南省	5	6	7	7	9	13	47
河北省	8	7	8	13	18	21	75
河南省	6	8	10	18	29	29	100
黑龙江省	6	5	5	7	9	11	43
湖北省	17	15	21	24	28	32	137
湖南省	8	10	13	18	25	30	104
吉林省	10	10	11	13	14	17	75
江苏省	41	49	59	92	138	159	538
江西省	3	4	5	8	10	11	41
辽宁省	11	11	13	16	21	25	97

续表

公司注册地	年 份						总计
	2007 年	2008 年	2009 年	2010 年	2011 年	2012 年	
内蒙古自治区	3	4	4	5	8	11	35
宁夏回族自治区	1	3	3	4	5	5	21
青海省	3	1	2	1	2	2	11
山东省	19	29	33	55	72	79	287
山西省	2	2	3	5	7	7	26
陕西省	2	2	3	6	6	9	28
上海市	25	28	32	42	57	64	248
四川省	18	21	24	34	39	43	179
天津市	3	3	4	9	10	11	40
西藏自治区	4	4	5	5	5	6	29
新疆维吾尔自治区	7	8	8	7	8	10	48
云南省	5	4	5	6	5	5	30
浙江省	70	85	94	131	171	189	740
重庆市	4	5	6	7	9	11	42
总计	396	461	546	798	1 068	1 215	4 484

数据来源:国泰安 CSMAR 数据库,下同。

民营上市公司样本最多的集中在沿海地区,如广东省、江苏省、上海市、浙江省、山东省,而中西部地区的样本数量偏少。样本最多的前五大省份数量达 2 595 家,占到全国总样本的 52%。我们再按照国泰安数据库的方法将全国划分成八大地域板块①,看看各地域板块民营上市公司样本的分布,如表6-3所示。结果显示,华东地区的样本数是最多的,西北地区最少,两

---

① 国泰安 CSMAR 数据库上市公司所属地区划分:华北地区,包括北京市、天津市、河北省、山西省、内蒙古自治区;东北地区,包括辽宁省、吉林省、黑龙江省;华东地区,包括上海市、江苏省、浙江省、安徽省、福建省、江西省、山东省;华中地区,包括河南省、湖北省、湖南省;华南地区,包括广东省、广西壮族自治区、海南省;西南地区,包括重庆市、四川省、贵州省、云南省、西藏自治区;西北地区,包括陕西省、甘肃省、青海省、宁夏回族自治区、新疆维吾尔自治区;港澳台地区,包括香港、澳门、台湾。

者相差将近 10 倍。

表 6-3 民营上市公司各地区分年度样本统计

单位:家

地区	年 份						总计
	2007 年	2008 年	2009 年	2010 年	2011 年	2012 年	
东北	27	26	29	36	44	53	215
华北	29	31	42	77	115	142	436
华东	183	226	259	383	523	580	2 154
华南	73	87	105	159	212	243	879
华中	31	33	44	60	82	91	341
西北	19	21	24	26	29	34	153
西南	34	37	43	57	63	72	306
总计	396	461	546	798	1 068	1 215	4 484

上市公司的地域分布有显著的差异,是否也存在经营者选择上的关系嵌入差异呢? 我们分别按省和按地区统计了关系嵌入的分布情况,如表 6-4 和表 6-5 所示。空白的地方表示没有此类关系嵌入。我们看到亲人总经理在一些中西部省份的民营上市公司是不存在的,可能的原因是这些省份的样本少;还可能是因为这些地方的上市公司上市时间不长,经营者主要由实际控制人担任;也可能是因为这些地方的上市公司大都属于被兼并类公司,实际控制人没有派驻自己的亲人。

为了更直观地显示民营上市公司各省市关系嵌入的特征,我们以百分比图显示在图 6-1 中。从图中可以看出各省市民营上市公司关系嵌入比例存在差距,本人担任总经理的比例最高的是北京市和广东省,其次是湖南省、安徽省、江苏省、江西省、辽宁省、河南省、贵州省等,最低的是新疆维吾尔自治区。亲人总经理的比例最高的是山西省,可能与山西以企业家族经营为主的晋商模式有关。熟人总经理的比例最高的是新疆维吾尔自治区和青海省,绝大部分总经理都是实际控制人的老乡,熟人总经理比例最低的是天津市。天津市和西藏自治区的外人总经理比例最高,青海省比例最低,几乎没有外人总经理,新疆维吾尔自治区和广西壮族自治区的比例也较低。

表 6-4 民营上市公司分省市统计的关系嵌入分布

单位:家

公司注册地	关系嵌入类型				总计
	本人	亲人	熟人	外人	
安徽省	56	9	44	13	122
北京市	147	9	64	40	260
福建省	70	26	70	12	178
甘肃省	10		28	7	45
广东省	426	70	159	127	782
广西壮族自治区	18		30	2	50
贵州省	10		13	3	26
海南省	15	6	22	4	47
河北省	28	6	26	15	75
河南省	40		46	14	100
黑龙江省	9		16	18	43
湖北省	32	16	39	50	137
湖南省	48	3	46	7	104
吉林省	26		24	25	75
江苏省	234	52	190	62	538
江西省	17	1	17	6	41
辽宁省	40	4	46	7	97
内蒙古自治区	9	1	22	3	35
宁夏回族自治区	7		8	6	21
青海省	2		9		11
山东省	78	59	133	17	287
山西省	7	15	1	3	26
陕西省	9		8	11	28
上海市	93	6	95	54	248
四川省	46	11	92	30	179

公司注册地	关系嵌入类型				总计
	本人	亲人	熟人	外人	
天津市	13	3	5	19	40
西藏自治区	4		10	15	29
新疆维吾尔自治区	4		43	1	48
云南省	3		17	10	30
浙江省	262	86	347	45	740
重庆市	13		20	9	42
总计	1 776	383	1 690	635	4 484

数据来源:国泰安数据库。关系数据通过查询上市公司年报、新浪财经、百度搜索引擎手动搜集整理,下同。

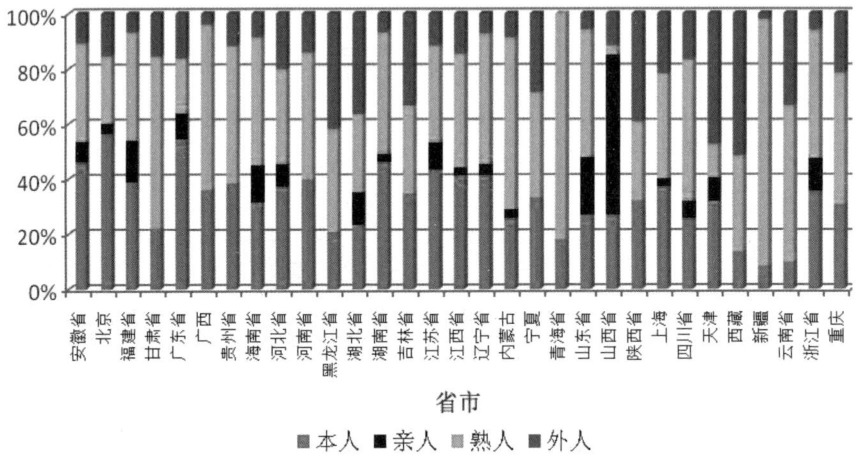

图 6-1 各省市民营上市公司关系嵌入分布

表 6-5 及图 6-2 是分地区统计的民营上市公司的关系嵌入分布。本人总经理比例最高的是华南地区,最低的是西北地区。亲人总经理比例最高的是华东、华北和华南地区,最低的是西北地区。熟人总经理比例最高的是西北地区,最低的是华南地区。外人总经理最高的是西南和华中地区,最低的是华东地区。按一般规律,经济发达地区公司的现代化水平越高,现代管理机制越健全,因而应该更多地聘用职业经理人等外人总经理,但统计数据

与理论并不一致。原因可能是我们的统计数据中公司注册地与实际控制人及总经理的籍贯很多不一致,可能存在很多当地的公司被外地的实际控制人控制的现象。这点我们还会详细讨论。

表6-5 民营上市公司分地区关系嵌入分布

单位:家,%

地区	关系嵌入类型								总计
	本人		亲人		熟人		外人		
	数量	比例	数量	比例	数量	比例	数量	比例	
东北	75	34.88	4	1.86	86	40.00	50	23.26	215
华北	204	46.79	34	7.80	118	27.06	80	18.35	436
华东	810	37.60	239	11.10	896	41.60	209	9.70	2 154
华南	459	52.22	76	8.65	211	24.00	133	15.13	879
华中	120	35.19	19	5.57	131	38.42	71	20.82	341
西北	32	20.92	0	0.00	96	62.75	25	16.34	153
西南	76	24.84	11	3.59	152	49.67	67	21.90	306
总计	1 776	39.61	383	8.54	1 690	37.69	635	14.16	4 484

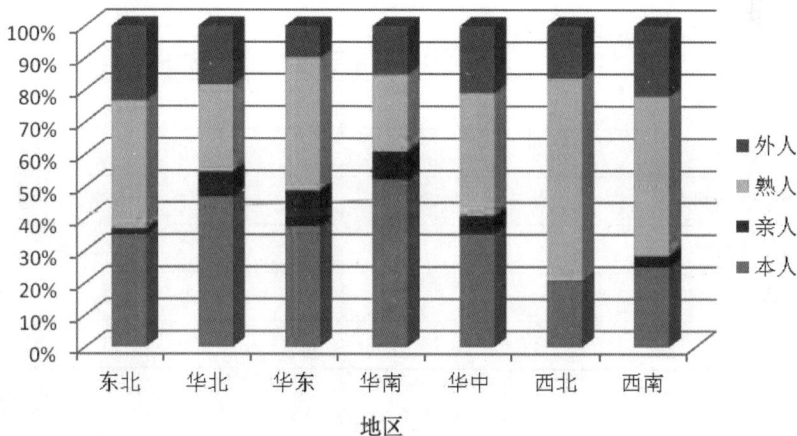

图6-2 民营上市公司分地区关系嵌入分布

6.2.3 民营上市公司分行业的关系嵌入分布

表 6-6 依据中国证监会（CSRC）《上市公司行业分类指引》（2001 年版）及深交所行业分类法，将上市公司分成 13 个大类行业，统计民营上市公司分行业关系嵌入分布统计，表中剔除了金融行业，剩余 12 个行业。图 6-3 是分行业关系嵌入分布的百分比图。

表 6-6　民营上市公司分行业关系嵌入分布

单位：家

行业名称	行业代码	关系嵌入类型				总计
		本人	亲人	熟人	外人	
农、林、牧、渔业	A	32	14	45	7	98
采矿业	B	19	5	13	3	40
制造业	C	1 266	293	1 102	371	3 032
电力、热力、燃气及水生产和供应业	D	2	3	15	9	29
建筑业	E	36	12	46	6	100
交通运输、仓储和邮政业	F	10	7	10	14	41
信息传输、软件和信息技术服务业	G	252	8	159	51	470
批发和零售业	H	44	7	80	63	194
房地产业	J	24	20	126	48	218
住宿和餐饮业	K	42	2	39	27	110
传播与文化产业	L	20		5	2	27
综合类	M	29	12	50	34	125
总计		1 776	383	1 690	635	4 484

从表 6-6 中可以看出，样本主要集中在制造业，制造业也是沪、深两市上市公司数量最多的行业。样本数量最少的是传播与文化产业（行业代码为 L），只有 27 个样本。

图 6-3 显示在 12 个行业中，本人总经理比例最高的是传播与文化产业（行业代码为 L），最低的是电力、热力、燃气及水生产和供应业（行业代码为

D)。亲人总经理比例最高的是农、林、牧、渔业(行业代码为 A)以及采矿业
(行业代码为 B),比例最低的是传播与文化产业(行业代码为 L)。熟人总
经理比例最高的是房地产业(行业代码为 J)以及电力、热力、燃气及水生产
和供应业(行业代码为 D),比例最低的是传播与文化产业(行业代码为 L)。
外人总经理比例最高的是交通运输、仓储和邮政业(行业代码为 F)以及批
发和零售业(行业代码为 H),比例最低的是农、林、牧、渔业(行业代码为
A),采矿业(行业代码为 B)以及建筑业(行业代码为 E)。传播与文化产业由
于样本少,关系嵌入比例上分配不均匀;其他行业在关系嵌入分布上存在明
显的区别。

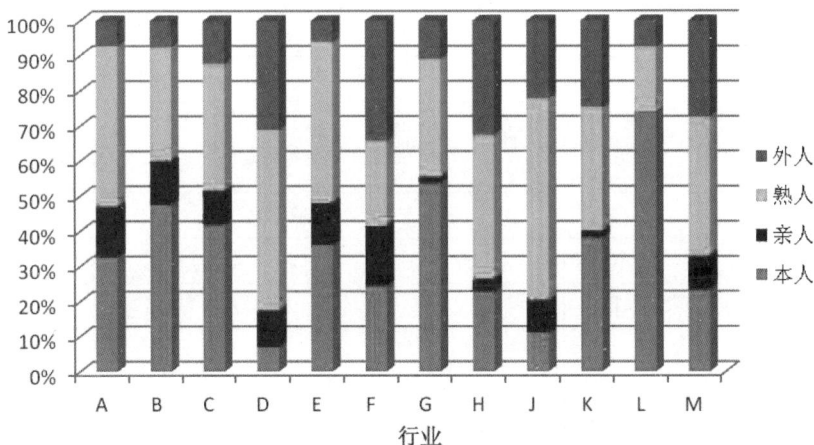

图 6-3　民营上市公司分行业关系嵌入分布

6.2.4 民营上市公司分总经理个人特征的关系嵌入分布

表 6-7 是对总经理关系嵌入分布分学历和性别的统计。学历的级别按
公开披露的个人信息汇总成 11 类,由高到低分别是博士后、博士、研究生、
EMBA、双本科、本科、大专、中专、高中、初中以及找不到信息以无标示者。
从表中我们可以看出,总经理中男、女数量分别是 4 172 人、312 人,男女比
例失调,女性总经理比例很低。

再从学历结构来看,男性总经理的学历分布最多的是研究生学历,其次
是本科学历、大专学历和 EMBA 学历;女性总经理学历分布最多的是研究
生和本科学历,其次是 EMBA 学历。我国民营上市公司的总经理学历绝大

部分是本科及以上,均属于高学历人才。从学历分布的关系嵌入类型来看,本人总经理的学历分布比例最多的是 EMBA、高中和初中,符合很多民营企业创始人担任总经理,学历都不高,后期有学历上的补充(读 EMBA)的实际。亲人总经理学历分布比例最多的是初中,学历也不是太高。熟人总经理学历分布比例最多的是博士后、双本科和中专。外人总经理学历分布比例最多的是博士、研究生和本科。更详细的总经理各关系嵌入类型的学历分布见图 6-4、6-5、6-6。

表 6-7 民营上市公司总经理分学历与性别的关系嵌入分布

单位:家

性别	学历	关系嵌入类型				总计
		本人	亲人	熟人	外人	
男	博士后			6		6
	博士	94	11	98	55	258
	研究生	587	111	514	258	1 470
	EMBA	217	32	104	27	380
	双本科	1		4		5
	本科	420	86	516	217	1 239
	大专	282	63	264	34	643
	中专	8	4	17		29
	高中	44	7	15	1	24
	初中	16	5	2		
	无	21	6	23	2	52
男汇总		1 690	325	1 563	594	4 172
女	博士	3	2	3		8
	研究生	25	13	54	27	119
	EMBA	19		8	1	28
	本科	27	30	38	4	99
	大专	9	13	24	9	55
	中专	3				3
女汇总		86	58	127	41	312
总计		1 776	383	1 690	635	4 484

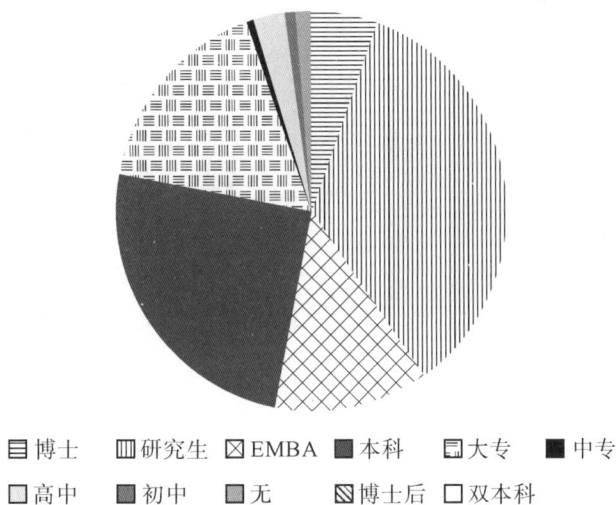

博士　研究生　EMBA　本科　大专　中专
高中　初中　无　博士后　双本科

图 6-4　男性总经理的学历分布

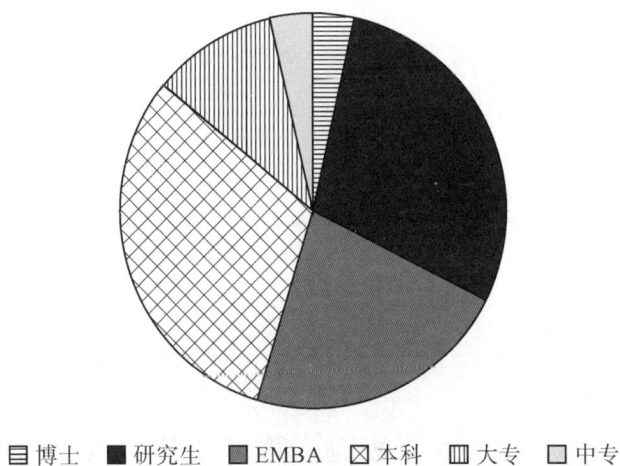

博士　研究生　EMBA　本科　大专　中专

图 6-5　女性总经理的学历分布

表 6-8 是对实际控制人与总经理关系嵌入分布分年龄的统计结果。结果显示本人总经理的平均年龄为 47.81 岁,亲人总经理的平均年龄为 41.28 岁,熟人总经理的年龄为 45.87 岁,外人总经理的年龄为 45.74 岁。实际控制人担任总经理年龄一般偏大,最大的年纪是 77 岁。而选其亲人来担任总经理,年纪都偏小,最大的年纪是 67 岁,最小的是 25 岁。熟人总经理和外

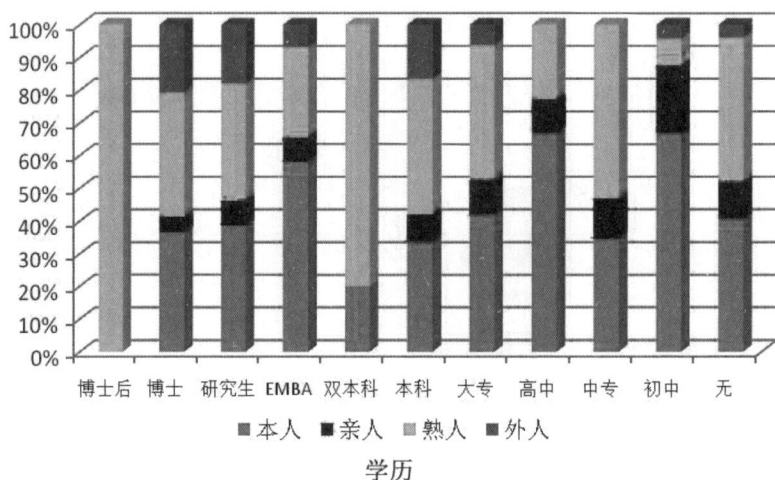

图 6-6　民营上市公司总经理各关系嵌入类型的学历分布

人总经理的年纪最大的为 71 岁，最小的为 28 岁和 29 岁。

表 6-8　民营上市公司总经理分年龄的关系嵌入分布

单位:岁

年龄	关系嵌入类型				总计
	本人	亲人	熟人	外人	
均值	47.81	41.28	45.87	45.74	46.28
最大值	77	67	71	71	77
最小值	26	25	28	29	25

6.2.5 民营上市公司实际控制人籍贯地与公司注册地是否一致的关系嵌入分布

实际控制人在当地设立企业,有天然的地理优势可以选择亲戚朋友、老乡同学等亲人熟人资源,若考虑实际控制人在外地设立企业,其对总经理的选择的关系嵌入特征更具主动性和典型性。我们以实际控制人籍贯地与公司注册地是否一致来划分实际控制人是否在当地设立企业。表 6-9 显示了两者在关系嵌入上的分布区别。实际控制人在当地设立公司的样本有 3

669个,在外地设立公司的样本只有815个。在当地和外地设立公司的两类样本中,由本人担任总经理的比例相当,外地公司中的亲人总经理比例低于本地公司,本地公司中的熟人总经理比例比外地公司高了近1倍,外地公司中的外人总经理比例比本地公司高了近2倍。由此可知,大股东选择经营者与其所处环境有很大关系:在当地利用亲人、熟人的资源丰富,外人总经理比例就低;在外地办企业,选择外人总经理的比例就高。

表6-9 民营上市公司实际控制人籍贯地与公司注册地是否一致的关系嵌入分布

实际控制人籍贯地与公司注册地是否一致	关系嵌入(数量及百分比)				总计(家)
	本人	亲人	熟人	外人	
不一致	330(40.49%)	45(5.52%)	211(25.89%)	229(28.10%)	815
一致	1 446(39.41%)	338(9.21%)	1 479(40.31%)	406(11.07%)	3 669
总计	1 776	383	1 690	635	4 484

实际控制人亲自担任总经理,对企业非常熟悉,也有绝对的控制权,往往带有创始人的个人权威,是企业的精神支柱。他们往往全身心地投入,把企业当成家,当成自己的孩子,认为企业属于自己,但随着企业的扩张,个人精力往往有限。亲人总经理管理企业是很多民营企业传承的主要方式,自己的孩子、亲戚等来管理企业放心,在可利用的亲属资源充分的条件下,对于实际控制人来说是最好的选择,省心又省力。在亲属资源不充分的条件下,熟人总经理是一个不错的选择,选自己熟悉的、了解的、放心的人来经营管理企业,将自己从日常的管理中解放出来。熟人相对于外人会更注重关系的维持、面子的维护,有人情的交换,有利他主义精神的支撑。外人总经理不会牺牲个人利益对老板死心塌地,他们注重等价交换,希望获得与劳动相应的报酬和职位权力。外人总经理是职业化的,有较强的经营能力,需要契约化的正式约束。

6.3 本章小结

本章对沪、深两市2007—2012年的上市民营企业关系嵌入类型与差序格局现状进行了统计分析,并且举了典型案例。其基本情况总结如下:

(1)民营上市公司实际控制人与总经理关系嵌入的差序格局样本共

4 484个,本人总经理的比例为39.61%,亲人总经理的比例为8.54%,熟人总经理的比例为37.67%,外人总经理的比例为14.16%。其中由实际控制人自己担任总经理和派熟人担任总经理的数量相当,这两类关系约占总样本的78%。所以民营上市公司的总经理主要由实际控制人自己担任,或者请自己熟悉的人来担任。这是因为在我国民营企业还处于第一代创业阶段,创始人大都还在位,后一代还没有完全成长起来。绝大部分民营上市公司实际控制人都担任公司的董事长,精力不够的情况下会聘用熟人做总经理来经营管理具体的事务。民营上市公司处于家族化或泛家族化治理状态。

(2)从分年度样本数据可知,民营上市公司的数量在最近几年有突飞猛进的增长,这与创业板的设立以及中小板的扩容有关。本人总经理的比例在最近六年内有上升趋势,亲人总经理比例比较稳定,熟人总经理和外人总经理的比例有降低的趋势。这与后期大量上市的民营企业有关,新上市的民营企业大都由创始人即实际控制人亲自担任总经理。

(3)从分地区样本统计数据看,大部分民营上市公司分布在沿海地区经济比较发达的省市。华南、华北地区的民营上市公司总经理由实际控制人及其亲人担任的比例比较高,接近50%。西北地区的熟人总经理比例达到60%多。东北、西南及华中地区聘用外人担任总经理的比例比其他地区高。

(4)从分行业样本统计数据看,民营上市公司有68%集中在制造业。从关系嵌入的角度看,文化与传媒产业由实际控制人自己担任总经理的比例最高,房地产行业熟人总经理的比例最高。相对于其他行业而言,亲人总经理比例较高的是交通运输、仓储和邮政业,外人总经理比例较高的是交通运输、仓储和邮政业以及批发和零售业。

(5)从总经理个人特征的统计数据看,民营上市公司总经理的男女比例不均衡,男性总经理的比例达93%。从学历角度来看,男性总经理和女性总经理都以研究生和本科学历居多,属于高学历人才。从年龄角度看,总经理的平均年龄在46岁,最大的77岁,最小的25岁。从关系嵌入分布看,EMBA、高中和初中学历大部分为本人总经理所拥有;亲人总经理的学历最高的是初中;博士后学历的总经理都是熟人;熟人总经理的学历在中专及以上学历的比例较高;外人总经理学历相对比例最高的是博士、研究生和本科生学历。即本人和亲人总经理学历相对较低,熟人和外人总经理学历相对较高。本人总经理的年纪相对最大,亲人总经理年龄相对较小,熟人和外人总经理年龄居间。

(6)从大股东所处环境来看关系嵌入的分布,大股东是在当地还是在外地办企业对经营者的选择有很大影响。在实际控制人籍贯所在地注册企业,有丰富的亲人、熟人资源,外人总经理比例低;而在外地注册企业,亲人、熟人资源有限,选择外人做总经理的比例相对高。

在我国的关系文化背景下,民营企业大都采用家族化和泛家族化的治理模式。那么这些民营企业大股东采用亲人或熟人经营企业,能够如其所愿地获得资产安全,降低二者之间的代理冲突吗?能够通过"自己人"的安插实现自己的控股权利益吗?本书接下来将用实证分析方法从三类代理成本的角度来观察民营企业大股东与经营者差序格局的关系嵌入对委托代理关系和行为的影响,希望从代理成本的角度给民营企业的经营者选择提供参考依据。

第 7 章

差序格局的关系嵌入
对股权代理成本的影响

由上一章的统计分析,我们发现民营上市公司都存在家族化或泛家族化的经营模式。在民营企业发展过程中,家族治理有其独特的优势,血缘、亲缘、姻缘等中国式关系的嵌入能减小彼此的信息不对称性,增强所有者与经营者的信任,加上感情、亲情、友情、交情等非正式网络结构的约束,为民营企业的经营发展节省了大量的制度约束成本和监督成本。但是这种非正式网络结构的排外现象及自身知识结构的闭合,容易降低管理效率,制约企业的发展。如果打破家族化或泛家族化闭合网络的制约,所有者引进外部优秀的职业经理人管理企业,两者缺乏家族成员之间的感情信任和约束,信息不对称严重,委托代理问题突出。

如此,民营企业的发展面临"鱼与熊掌不可兼得"的瓶颈,民营企业家该如何抉择? 本章尝试将民营上市公司的关系嵌入与差序格局现状及委托代理问题链接起来,研究委托人(股东)与代理人(经营者)差序格局的关系嵌入状况对股权代理成本的影响。

7.1 研究假设

Granovetter 的关系嵌入理论更多的是强调弱关系的作用,然而弱关系存在的致命缺陷是导致不信任,这在市场体系不发达、正式制度约束不强、信任缺失的国家更易显现。因为弱关系中人际联结并不是很强,多次反复的交往不多,所以这种关系不可靠,与不稳定、风险、投机联系在一起。嵌在弱关系中的委托人和代理人,彼此信任度不高,如果只靠道德的约束,就很容易产生投机行为。加上外部环境信任缺失,法律等正式约束不足,代理人发生投机行为的概率更大,比如说谎、偷懒、欺骗、中饱私囊、卷款而逃等损害股东利益的行为,造成代理成本很高。因此,在弱关系下,委托人只有设计更优的合同,加强对代理人的监督和激励,使委托人的利益最大化。

而在强关系网络中,委托人和代理人交往密切,彼此了解熟悉,有更多的互惠以及利他行为,容易产生信任,并给企业的发展提供资金、技术、人才等各种实质性的帮助。情感的内在制约、利他行为以及中国人注重面子和人情的问题,使得强关系网络下,道德违约成本小,可以降低监督和激励代理人的成本。所以在创业初期,几乎所有的由私营企业的资金都是通过家人、亲戚或者好朋友筹集的,生产、经营、销售也是由家族成员把关。随着企业的成长,企业规模逐渐增大,越来越多的外部人进入企业,强关系网络被打破,委托人必须选择更有能力和知识的外部职业经理人来经营企业,弱关系嵌入加强。

在费孝通等社会学专家所谓的"差序格局"的社会关系网中,人们以"己"为中心,按照关系亲疏远近不同进行信任分级,确定合作的范围和程度。合作者之间彼此知根知底,将节省缔约前搜寻对方信息所耗费的成本以及缔约后出现道德风险的补救成本和监督成本。民营企业所有者在选择经营者时,优先考虑的是有血缘、亲缘关系的家族成员,其次是有地缘、业缘、学缘等关系的熟人,最后才考虑外部职业经理人。民营企业的家族化或泛家族化治理,已被很多学者认为可能有效降低代理成本。Fama 和Jensen 认为家族成员之间长时期、多维度的交往在监督和约束代理人上更具有优势。Becker 认为家族企业中的利他主义有利于培养彼此的忠诚,降低代理成本。Daily、Dollinger 和 Eshel 等人也指出,家族成员由于长期生活在一起,能减小信息不对称性,使代理成本趋于最小化。依赖于亲人、熟人关系上的信任,能发挥家族认同、业主权威和利他主义的作用,因而有助于减少委托人和代理人之间的分歧,降低代理成本。我国学者边燕杰(1997)等人通过对中国社会关系的研究,认为强关系在中国社会发挥的作用更大。强关系所带来的人际信任为经济活动提供必要的信任,减少交易成本,所以很多民营企业采用家族化或泛家族化的经营模式(李新春,2001;朱文杰,2000;张维迎,2002 等)。由于对"外人"的普遍不信任,选择外部职业经理必须从制度上建立更严格的激励和监督机制,从而会增加公司的监督和约束成本;而且外部职业经理的家族认同感差,自利动机导致的在职消费和偷懒行为等问题可能比较严重,使得代理成本增加。因此本书提出以下假设:

> 假设 1：民营企业所有者与经营者关系嵌入越强，代理成本越低；代理成本按照亲人—熟人—外人的差序格局递增，聘用亲人总经理比其他关系的总经理代理成本更低，聘用外人总经理的代理成本最高。

然而强关系也有不少的负面作用：一是在中国社会强关系所提供的道德要求，给代理人带来很多的制约（如既要考虑企业的目标，也要考虑家族的目标），家事公事难分，亲人、熟人总经理很难做到就事论事、公私分明，在决策上受制于大老板，造成决策过程效率低。二是强关系网络的闭合，会导致信息闭塞和外来人受排斥，信息或知识的新颖性不足将难以满足创新的需要，这也是很多家族企业发展的瓶颈（尉建文，2005）。这种关系网络的闭合将导致严重的排外现象，导致与外界的信息交换不及时，资源利用不充分。而外部职业经理的进入能有效提高信息的共享和资源的利用率，提高运营效率。这也是李新春（2005）所提的家族主义困境，即强关系嵌入治理不能同时实现基于信任之上的代理成本与基于专家能力之上的代理效率的帕累托最优，而代理人发挥专家的知识和能力创造交易过程的帕累托效率可以理解为"代理效率"。强关系嵌入带来的低代理效率制约了企业的发展和壮大，因此企业需要打破强关系的网络限制，向弱关系网络发展。因此，本书提出以下假设：

> 假设 2A：民营企业所有者与经营者关系嵌入越强，代理效率越低；代理效率按照亲人—熟人—外人的差序格局递增，聘用亲人总经理比其他关系的总经理代理效率更低，聘用外人总经理的代理效率最高。

Jensen 和 Meckling 认为剩余损失是指委托人因代理人代行决策而产生的一种价值损失，等于代理人决策和委托人在假定具有与代理人相同信息情况下自行效用最大化决策之间的差异，包括在职消费等显性损失以及故意偷懒等隐性损失两部分。显性损失体现在代理成本上，故意偷懒等隐性损失体现在代理效率的损失上。大股东与经营者的强关系嵌入可能制约外部信息的传递和资源的利用，损失客观的代理效率，但强关系的利他主义思想可能增强代理人的主观努力，从而提高代理效率。Becker（1974）指出利他主义行为在家族企业中是非常有效率的。委托代理双方的强关系嵌入促使双方相互体谅和爱护，利益趋于一致。代理人在经营过程中减少了偷懒和机会主义倾向，不计得失地努力工作，以维护共同的利益。因此，本书提出：

假设 2B:民营企业所有者与经营者关系嵌入越强,代理效率越高;代理效率按照亲人—熟人—外人的差序格局递减,聘用亲人总经理比其他关系的总经理代理效率更低,聘用外人总经理的代理效率最高。

7.2 研究设计

7.2.1 研究变量设计

1.被解释变量

根据 Jensen 和 Meckling(1976)对代理成本的定义,委托人的监督支出、代理人的保证支出和剩余损失难以用直接测量的方法进行量化。Ang、Cole 和 Lin(2000)以及 Singh、Davidson(2003)采用管理费用率、资产周转率作为股权代理成本的替代指标来计量,受到了学者的广泛采用,被公认为股权代理成本的最好替代指标。沿着他们的方法,国内学者李寿喜(2007)、蔡吉甫(2007)、陈红等(2014)、杨汉明等(2014)、介迎疆等(2014)、彭桃英等(2014)、李小荣等(2014)也采用管理费用率和资产周转率这两个指标来衡量所有者和管理者之间的代理成本。本研究认为销售管理费用率能较好地反映代理成本,因其受年份和行业影响,本章以每个公司的年度销售管理费用率除以行业年度均值来调整代理成本。总资产周转率体现了代理人发挥专家知识和能力创造的交易过程的帕累托效率(李新春,2005),衡量的是经营效率,同样以每个公司的年度总资产周转率除以行业年度均值来调整代理效率。

2.解释变量

本书借鉴费孝通(1948)提出的中国人关系的差序格局特征以及杨国枢(1993)、Tsui 和 Farh(1997)和张建新等(2000)对中国社会关系类别的划分方法,按照刘晓霞(2013a,2013b)的方法,将委托人(大股东)与代理人(总经理)关系嵌入的差序格局从强至弱分为本人(自己担任总经理)、亲人(血缘、姻缘、亲缘关系)、熟人(同学、同乡、同事关系)、外人(除亲人、熟人以外的其他关系)。

3.控制变量

根据已有的研究成果,本章选取公司治理结构变量——股权结构特征

（股权集中度、股权制衡度）、董事会特征（董事会规模、独立董事比例）、监事
会特征（监事会规模）、管理层特征（高管薪酬、高管持股比例）；公司基本面
特征变量——公司规模、资产负债率；代理人特征变量——学历、年龄、性
别；地域变量——以第4章的地域分类为准，将七大地区分成发达地区和非
发达地区。各变量的定义见表7-1。

表 7-1　变量说明表

变量类别		变量名称	变量符号	计算方法
被解释变量		代理成本	ACOST	销售管理费用率＝［（销售费用＋管理费用）/营业收入×100％］/行业年度均值
		代理效率	ATAR	总资产周转率＝［营业收入/资产总额期末余额×100％］/行业年度均值
解释变量		关系嵌入	GUANXI1	经营者为大股东亲人取0，为熟人和外人取1
			GUANXI2	经营者为大股东亲人和熟人取0，为外人取1
		差序格局	CXGJ	经营者为大股东亲人取1，为熟人取2，为外人取3，关系嵌入强度按1、2、3呈差序格局递减
控制变量	公司治理结构	股权集中度	OWNCON1	第一大股东持股数量/总股数×100％
		股权制衡度	ZINDEX	第一大股东持股数量/第二大股东持股数量
		独立董事比例	IDRATIO	独立董事人数/董事会总人数×100％
		董事会规模	BSCALE	董事会的人数
		高管持股比例	EHOLD	总经理持股数量/总股数×100％
		高管薪酬	REW3EXE	高管前三名薪酬总额取自然对数
	公司基本特征	公司规模	TOTASS	公司总资产取自然对数
		财务杠杆	LEVERAGE	公司总负债/总资产×100％
		上市时间	YEAR	上市以来的时间长度，以年为单位
	基本素质变量	代理人性别	GENDER	代理人性别为男取1，为女取0
		代理人年龄	AGE	截至统计日代理人年龄
		代理人学历	EDUCATION	代理人学历（6＝博士后、博士、研究生、EMBA；5＝大学、双本科；4＝大专；3＝高中、中专；2＝初中；1＝小学及没有披露学历的样本）
	地域变量	地区	AREA	公司注册地属于发达地区（华东、华北和华南地区）为1，其他地区（东北、华中、西北、西南地区）为0

7.2.2 样本选择与数据来源

　　本章以第6章所介绍的2007—2012年在上海和深圳证券交易所上市

的民营企业作为研究样本,因实际控制人本人担任总经理,理论上不存在股权代理成本,主要的代理成本是大股东与中小股东以及债权人之间的代理损失,所以本章股权代理成本主要以实际控制人和总经理是亲人关系、熟人关系和外人关系三类关系嵌入为样本,共 2 708 个样本。剔除没有披露销售管理费用率、总资产周转率的样本,得到有效年度样本 2 460 个。财务数据、公司治理数据、高管数据来源于国泰安数据库,社会关系数据通过国泰安数据库高管简历以及百度、新浪网等工具手动搜集获得。

7.2.3 研究模型与方法

本书采用多元回归分析方法检验关系嵌入对代理成本和代理能力的影响。借鉴 Ang 等(2000)、彭桃英等(2014)、陈红等(2014)的模型,根据理论假设,代理成本主要受关系嵌入以及公司基本特征变量、公司治理结构变量、地域因素的影响,其模型构建如下:

$$ACOST_1 = \beta_0 + \beta_1 GUANXI1 + \beta_2 GUANXI2 + \beta_i \sum 公司基本特征变量 + \beta_r \sum 治理结构变量 + \xi$$

$$ACOST_2 = \beta_0 + \beta_1 CXGJ + \beta_i \sum 公司基本特征变量 + \beta_r \sum 治理结构变量 + \xi$$

被解释变量 ACOST 为股权代理成本,解释变量分别为 CXGJ 和 GUANXI1、GUANXI2。控制变量包括公司基本特征变量和公司治理变量,β_0 为常数项,$\beta_1 \sim \beta_r$ 为各个变量的回归系数,见变量说明表。

根据理论假设 2A 和 2B,代理效率主要受代理人客观条件(基本素质)和主观能动性(是否偷懒引起剩余损失)的影响,加入公司基本特征变量作为控制变量,其模型如下:

$$ATAR_1 = \beta_0 + \beta_1 GUANXI1 + \beta_2 GUANXI2 + \beta_i \sum 公司基本特征变量 + \beta_r \sum 基本素质变量 + \xi$$

$$ATAR_2 = \beta_0 + \beta_1 CXGJ + \beta_i \sum 公司基本特征变量 + \beta_r \sum 基本素质变量 + \xi$$

被解释变量 ATAR 为股权代理效率,解释变量同代理成本模型。控制变量包括公司基本特征变量和经营者基本素质变量,β_0 为常数项,$\beta_1 \sim \beta_r$ 为各个变量的回归系数,见变量说明表。

7.3 研究结果

7.3.1 描述性统计分析

表 7-2 从实际控制人与总经理的关系嵌入角度列示了销售管理费用率和总资产周转率的基本统计情况。

表 7-2　被解释变量分组统计数据

被解释变量	差序格局	样本数量	均值	中值	标准差	标准误	均值的95%置信区间		极小值	极大值
							下限	上限		
ACOST	1	345	0.567	0.414	0.612	0.033	0.502	0.631	0.002	3.653
	2	1 524	0.707	0.459	1.000	0.026	0.657	0.757	0.002	20.689
	3	591	0.770	0.495	1.265	0.052	0.668	0.872	0.006	22.162
	总数	2 460	0.702	0.461	1.030	0.021	0.662	0.743	0.002	22.162
ATAR	1	345	0.931	0.813	0.795	0.043	0.846	1.015	0.087	12.595
	2	1 524	1.009	0.824	0.814	0.021	0.968	1.050	0.002	11.682
	3	591	0.991	0.770	0.856	0.035	0.921	1.060	0.004	6.590
	总数	2 460	0.994	0.813	0.821	0.017	0.961	1.026	0.002	12.595

数据来源:国泰安数据库。

从表 7-2 中可知,代理成本(销售管理费用率)均值和中值都随着实际控制人与总经理关系嵌入的差序格局而增加,组内标准差也随着差序格局而增大。代理效率(总资产周转率)均值和中值随着实际控制人与总经理关系嵌入的差序格局先增加后有所下降,组内标准差也随着差序格局而增大。

7.3.2 相关性分析

表 7-3 显示被解释变量、解释变量及各控制变量之间的相关性,ACOST 与 CXGJ 以及 GUANXI1 显著相关,与 GUANXI2 相关性不显著。

表 7-3　主要变量相关性分析

变量		ACOST	ATAR	CXGJ	GUANXI1	GUANXI2	TOTASS	LEVERAGE	YEAR	OWNCON1	ZINDEX	BSCALE	IDRATIO	EHOLD	REW3EDXE
ACOST	Pearson 相关性	1													
	显著性（双侧）														
ATAR	Pearson 相关性	−0.23***	1												
	显著性（双侧）	0.000													
CXGJ	Pearson 相关性	0.056***	0.016	1											
	显著性（双侧）	0.005	0.421												
GUANXI1	Pearson 相关性	0.053***	0.031	0.730***	1										
	显著性（双侧）	0.008	0.124	0.000											
GUANXI2	Pearson 相关性	−0.005	−0.024	0.210***	−0.515***	1									
	显著性（双侧）	0.787	0.235	0.000	0.000										
TOTASS	Pearson 相关性	−0.21***	0.09***	−0.02	−0.004	−0.019	1								
	显著性（双侧）	0.000	0.000	0.33	0.841	0.35									
LEVERAGE	Pearson 相关性	0.07***	−0.009	0.001	0.013	−0.017	−0.11***	1							
	显著性（双侧）	0.001	0.671	0.956	0.52	0.395	0.000								
YEAR	Pearson 相关性	0.07***	0.010	3.188***	0.114***	0.073***	0.16***	0.04**	1						
	显著性（双侧）	0.001	0.616	0.000	0.000	0.000	0.000	0.040							
OWNCON1	Pearson 相关性	−0.12***	0.15***	−0.088***	−0.086***	0.013	0.18***	−0.015	−0.21***	1					
	显著性（双侧）	0.000	0.000	0.000	0.000	0.525	0.000	0.467	0.000						
ZINDEX	Pearson 相关性	−0.033	−0.014	−0.001	−0.019	0.026	0.10***	−0.001	0.12***	0.31***	1				
	显著性（双侧）	0.107	0.481	0.976	0.346	0.19	0.000	0.943	0.000	0.000					
BSCALE	Pearson 相关性	−0.04*	0.05**	−0.051**	−0.015	−0.04**	0.2***	−0.026	−0.05**	−0.07***	−0.1***	1			
	显著性（双侧）	0.056	0.12	0.011	0.445	0.037	0.000	0.195	0.024	0.000	0.000				
IDRATIO	Pearson 相关性	0.03*	−0.09***	0.001	−0.005	0.008	−0.04*	0.05**	0.06***	−0.003	0.07***	−0.42***	1		
	显著性（双侧）	0.099	0.000	0.979	0.806	0.701	0.056	0.015	0.003	0.872	0.000	0.000			
EHOLD	Pearson 相关性	−0.013	−0.05**	−0.134***	−0.109***	−0.012	−0.09***	−0.021	−0.3***	−0.04**	−0.08***	−0.1***	0.05**	1	
	显著性（双侧）	0.519	0.014	0.000	0.000	0.549	0.000	0.289	0.000	0.041	0.000	0.000	0.011		
REW3EDXE	Pearson 相关性	−0.06***	0.06***	0.063***	0.036*	0.027	0.45***	−0.014	−0.011	0.07***	0.011	0.15***	−0.033	0.014	1
	显著性（双侧）	0.002	0.001	0.002	0.072	0.182	0.000	0.503	0.597	0.000	0.583	0.000	0.105	0.481	

注：* 表示在 10%水平双尾显著，** 表示在 5%水平双尾显著，*** 表示在 1%水平双尾显著。

ATAR 与 CXGJ、GUANXI1、GUANXI2 相关性都不显著。CXGJ 与 GUANXI1、GUANXI2 的相关性为 0.75，且很显著，为避免多重共线性，不同时放入模型。解释变量与控制变量之间的相关系数都小，能避免多重共线性。

7.3.3 多元回归分析

在代理成本模型和代理效率模型中，因自变量是定性变量，不是随机变量，故模型不存在内生性问题。我们预计被解释变量与自变量是递增关系，先采用普通最小二乘法对模型进行初步回归，然后进行异方差和自相关检验。存在异方差和自相关现象再对模型进行调整。模型检验结果如表 7-4。

表 7-4　对代理成本的回归

变量	1		2		3		4	
	系数	t 值	系数	t 值	系数	t 值	系数	t 值
（常量）	0.50***	6.744 1	0.50***	6.757 9	2.96***	6.629 1	2.97***	6.637 5
CXGJ	0.1***	2.799 4			0.07*	1.766 3		
GUANXI1			0.20***	2.921 0			0.16*	1.831 9
GUANXI2			0.063	1.273 1			0.052 18	0.869 3
TOTASS					−0.19***	−9.491 8	−0.19***	−9.500 8
LEVERAGE					0.000 1*	1.737 0	0.00*	1.728 6
YEAR					0.008**	2.364 1	0.008**	2.382 4
OWNCON1					−0.002	−1.578 0	−0.002 1	−1.564 8
ZINDEX					0.000	−0.661 6	−0.000 5	−0.657 2
BSCALE					0.008	0.663 9	0.008 1	0.658 5
IDRATIO					0.540	1.395 4	0.539 1	1.393 0
REW3EXE					0.10***	4.103 7	0.10***	4.110 3
EHOLD					−0.001 9	−0.461 2	−0.001 8	−0.450 8
CXGJ×AREA					−0.017 0	−0.941 9	−0.017 1	−0.948 4
AR（1）					0.28***	14.406 9	0.28***	14.374 1

续表

变量	1		2		3		4	
	系数	t 值	系数	t 值	系数	t 值	系数	t 值
D-W 值	1.45		1.45		1.98		1.98	
R^2	0.003		0.003		0.13		0.13	
调整 R^2	0.003		0.003		0.13		0.13	
F-统计量	7.84		4.30		30.77		28.42	

注：* 表示在 10％水平双尾显著，** 表示在 5％水平双尾显著，*** 表示在 1％水平双尾显著。

1.对代理成本的回归分析

在代理成本模型的回归中加入不同的控制变量进行回归，回归结果见表 7-4。

回归 1 和回归 2 是用最小二乘法对被解释变量与解释变量的单因素回归结果。回归 3 和回归 4 加入了控制变量，并用广义最小二乘法对模型进行回归以消除自相关，D-W 值显示已经消除自相关，怀特检验模型不存在异方差。

回归 1 和回归 2 的单因素回归结果显示代理成本与差序格局、GUANXI1 显著正相关，GUANXI2 的系数不显著，与相关性检验的结果一致。回归 3 和回归 4 的结果显示解释变量对代理成本的影响与回归 1 和回归 2 的结果一致，结果支持了假设 1，即股权代理成本随着实际控制人与总经理关系嵌入的差序格局递增，且主要体现在亲人总经理能显著地降低代理成本上。GUANXI2 的系数为正但不显著，熟人总经理与外人总经理对代理成本的影响没有显著差别。这说明民营企业大股东选择自己的亲人来经营企业比熟人和外人更能降低代理成本，熟人虽是拟亲成员，但不是真正意义的亲人，大股东对其并不是很信任，使得监督约束成本和激励成本增加；熟人总经理不仅顾及其与大股东的情意，也注重价值交换，存在情与利的权衡，利他主义低于亲人总经理，因而代理成本比亲人总经理高。外人总经理和大股东的关系嵌入最弱，需要制度的监督约束和激励，对大股东没有人情和感情的负担，自利倾向会导致代理成本增加，因而其代理成本比亲人总经理高。熟人和外人总经理的代理成本没有显著区别，这与我国的特殊信任环境相符，除了自己的亲人，对其他人都留个心眼。民营企业的家族化治理是典型的关系治理模式。

从控制变量来看,公司基本特征变量对代理成本有显著的影响,公司治理结构变量的影响很小。公司规模越大,代理成本越低。资产负债率越高,代理成本越高,影响的系数很小。上市年限越长,代理成本越高,影响的系数也偏小。公司治理结构变量只有前三名高管薪酬总额对代理成本有显著为正的作用,薪酬水平越高,代理成本也越高,高管的薪酬没有发挥激励作用,反而内化为企业的代理成本。近年来各界对上市公司高管天价年薪的质疑和诟病就是这个道理。遗憾的是,包括董事会、股权结构、独立董事、经理持股的回归系数都不显著,可能是我国上市公司的治理机制还存在较大程度的形式主义,没能有效发挥治理作用,也不能有效制约代理成本。差序格局与地域的交叉结果显示,差序格局并没有推进地域因素对代理成本的影响。

2.对代理效率的回归分析

在代理效率模型的回归中加入不同控制变量的回归结果 5～8,可见表7-5。

我们采用最小二乘法对代理效率模型进行不同自变量的回归检验,发现 CXGJ 与 GUANXI1、GUANXI2 的系数都不显著。假设 2A 和假设 2B 都没有得到实证支持,可能的原因是两个假设对代理效率的正负效应互相抵消,所以结果不显著;也可能是两个理论假设都不成立,代理效率与关系嵌入的差序格局无关。引入差序格局与代理人基本素质变量的交叉变量,结果发现性别和年龄因素与差序格局的交叉项系数显著,学历与差序格局的交叉项系数不显著。这说明年龄越大的代理人,关系嵌入越弱,代理效率越低。关系嵌入越弱,男性总经理比女性总经理的代理效率越低。民营企业实际控制人与总经理关系嵌入的强度通过总经理的个人素质变量影响代理效率,年龄和性别是两个主要的因素。

在公司基本特征变量中,公司规模和资产负债率对代理效率都有显著的影响。公司规模越大,代理效率越高;资产负债率越高,代理效率越高。公司的上市时间不影响经营者的代理效率。

表 7-5　对代理效率的回归检验

变量	5		6		7		8	
	系数	t 值	系数	t 值	系数	t 值	系数	t 值
（常量）	62.8***	13.849	62.9***	13.880	−0.578	−0.022	0.569	0.022
CXGJ	2.966	1.429			10.334	1.513		
GUANXI1			7.4*	1.747			21.951	1.605
GUANXI2			−0.727	−0.240			6.954	0.972
TOTASS					2.83**	2.365	2.77**	2.323
LEVERAGE					0.08***	17.123	0.08***	17.094
YEAR					−0.344	−1.495	−0.3288	−1.428
CXGJ × GENDER					−0.24**	−2.801	−0.25***	−2.901
CXGJ × AGE					0.068***	0.104	0.15**	0.234
CXGJ × EDUCATION					4.665	2.189	4.61	2.165
R^2	0.001		0.002		0.112		0.113	
调整 R^2	0.000		0.001		0.109		0.110	
F-统计量	2.04		2.41		44.19		39.01	

7.4　稳健性检验

7.4.1 内生性问题

由于总经理的任职在一定的任期内是不变的,不会因为股东与经营者之间的代理成本高就立即更换总经理,因此模型不存在反向因果关系。另外,我们使用的是经行业调整的代理成本和代理效率,这降低了因变量和自变量之间的反向因果关系,可以排除关系嵌入和差序格局的内生性问题。

7.4.2 用截面数据做检验

我们选取初始样本中 2012 年的关系嵌入数据,公司基本特征数据和财务数据从锐思数据库(RESSET)下载,仿照王明琳等(2014)消除异方差的方法,使用 EViews 8.0 进行怀特截面加权法进行回归。结果发现解释变量的系数非常显著,很好地支持了假设 1。而对代理效率的回归结果依旧不显著。表 7-6 报告了代理成本回归的结果。

表 7-6   对代理成本的回归

	ACOST	
	9	10
C	3.41 *** (60.53)	3.40 *** (193.25)
GUANXI1		0.07 *** (26.30)
GUANXI2		0.03 *** (11.49)
CXGJ	0.04 *** (12.93)	
OWNCON1	-0.00 *** (-27.18)	-0.00 *** (-47.76)
ZINDEX	0.00 *** (1.72)	0.00 ** (2.45)
EHOLD	-0.00 (-1.57)	-0.00 (-1.78)
REW3EXE	0.09 *** (28.09)	0.09 *** (24.41)
BSCALE	0.05 *** (31.40)	0.05 *** (27.83)
IDRATIO	0.97 *** (21.96)	0.99 *** (25.12)
TOTASS	-0.19 *** (-71.33)	-0.19 *** (-168.92)
LEVERAGE	-0.01 *** (-75.23)	-0.01 *** (-256.14)

	ACOST	
	9	10
DDR	−0.01 (−0.90)	−0.01*** (−3.41)
YEAR	0.02*** (40.84)	0.02*** (67.00)
N	616	616

注:括号内的数字是 T 值, * 表示在 10%水平双尾显著, ** 表示在 5%水平双尾显著, *** 表示在 1%水平双尾显著。DDR 是区分实际控制人籍贯地与公司注册地是否一致的虚拟变量。

7.5　本章小结

本章实证分析了差序格局的关系嵌入对股权代理成本的影响。实证结果发现:关系嵌入类型和差序格局对股权代理成本有显著的影响,股权代理成本随着差序格局递增,熟人和外人总经理显著提高了股权代理成本。实证发现关系嵌入和差序格局对代理效率的影响不显著,可能是因为大股东与经营者的关系嵌入越强,虽然制约了外部信息的传递和资源的利用,损失了客观的代理效率,但亲情、友情等利他主义思想可能增强了经营者主观的努力,降低了代理效率损失。二者正负作用相互抵消,导致最终结果不显著。当然,也可能是两方面的影响都不显著,导致最终结果也不显著。

另外发现公司治理结构发挥的治理作用有限,股权结构安排没能有效抑制股权代理成本,董事会规模和独立董事也没有发挥监督功能,其人数的增加反而增加了股权代理成本。管理者的薪酬和持股比例等激励制度也没有很好地抑制管理者的机会主义行为,反而内化为股权代理成本。公司基本特征对股权代理成本有显著的影响:公司规模越大,股权代理成本越低;公司上市年限越长,股权代理成本越高。民营上市公司应优化公司治理机制,完善监督激励机制,提高公司治理水平,以降低股东与经营者之间的股权代理成本。

民营企业在选择经营者时以关系信任为基础,是典型的关系治理模式。这种关系治理模式的优点是能够利用"关系"纽带拴住经营者的心,内化为所有者的"自己人",增强两者间的联结,抑制经营者的自利倾向和机会主义行为,从而减少两者间的利益冲突。这种关系治理有其天然的优势,尤其是在制度环境不完善、经理人市场不发达的中国,关系治理是可以依赖的途径,但要谨防强关系嵌入导致的信息和资源闭合而带来的效率低下,以及大股东与中小股东、大股东与债权人之间的利益冲突激化。这将在后续章节进行检验。

第 8 章

差序格局的关系嵌入对
大股东代理成本的影响

自 Berle 和 Means(1932)提出所有权与控制权分离命题以来,所有者
与经营者之间的代理冲突一直是众多学者研究的热点,并成为现代公司治
理问题研究的起点。随着研究的深入,又有学者提出在世界上大多数大企
业中,股权集中度高,主要的代理问题是大股东掠夺小股东,而不是职业经
理侵害外部股东利益(Shleifer 和 Vishny, 1997;LLS, 1999;Claessens,
Djankov,Fan,et al.,2002)。大股东利用股权优势,通过转移定价、剥离资
产、股权稀释等转移公司资产,进而取得控制权收益,损害中小股东利益,由
此产生大股东代理成本。

8.1 研究假设

大股东代理成本主要体现在几个方面:一是大股东资金侵占成本,利用
上市或再融资圈钱无偿占用资金掏空上市公司;二是关联交易成本,大股东
与上市公司进行关联交易,以优势的价格为自己谋取福利,从而损害上市公
司中小股东的利益;三是股利侵占成本,大股东以股权优势控制上市公司决
策层以有利于自己的股利分配方案进行剩余分配。很多学者对这几类大股
东代理成本进行了研究,也得出了一些有意思的结论。然而,我们发现这几
类大股东代理成本都有一个共同的特点:大股东如果想占用上市公司资金
或者进行关联交易或者得到有利的股利分红,势必派自己人进驻公司决策
层以达到为己谋利的目的。经营者作为决策行为实施者,对大股东与中小

股东的利益关系起着决定性作用。因此,从大股东与决策层的关系嵌入强度来研究大股东代理成本,是一个全新而独特的视角。

作为企业的大股东,大股东拥有最多的所有权和投票权,往往会利用控股权转移公司资源、进行关联交易等损害其他股东利益。大股东的自利倾向的实现往往离不开管理层的配合,大股东为了自身的利益可能亲自管理企业或者派驻亲人和熟人等自己人入驻公司董事会和经理层以实现自身的意志。因此,当公司经营决策层主要为大股东的人时,他们较多地为大股东服务,代表了大股东的意愿和利益,与大股东合谋侵占中小股东利益的概率更大,从而导致更高的大股东代理成本。反之,如果公司决策层为外部职业经理人,他们会更多地从自身职业生涯和声誉的角度出发,以良好的业绩向市场证明自己的能力,较小概率成为大股东攫取上市公司利益的工具,从而比其他关系经营者能减少大股东代理成本。

根据费孝通的差序格局理论,大股东与经营决策层的关系以差序格局的形式嵌入,以"己"为中心,按照亲人—熟人—外人的格局安排经营管理层。大股东自己亲自担任经营者,掌握了充分的决策权,从融资、投资、股利分配等方面实现利己的自由意志,而侵害了其他中小投资者的利益,使得两者的利益冲突最严重,从而大股东代理成本最高。大股东选派与自己有血缘、亲缘、姻缘关系的家族成员来担任经营者,这些亲人经营者与大股东有共同的家族利益,父子、夫妻、兄弟、叔侄等亲情关系在企业经营管理中转化为隐性合同,成为大股东实现自利行为的代言人。因此,由大股东的亲人掌握经营权,增加了经营者与大股东合谋的概率,为了达到大股东的利益目的,亲人经营者往往不惜牺牲其他中小股东的利益,使得公司的大股东代理成本偏高。大股东选派自己的朋友、同学、老乡、同事来经营企业,熟人间彼此了解熟悉增强了信任,也提高了合作的程度,感情、面子与利益交织,人情与利益的交换成为大股东与熟人经营者侵害中小股东利益的枢纽。大股东选择外部职业经理人来经营管理企业,二者没有感情、人情的来往,或者很弱,只存在工具性的交换,外部职业经理人受市场的约束更强,不会为了感情和交情等关系而为大股东谋取私利。因此本章提出以下假设:

> 假设:大股东与经营者关系嵌入越强,大股东代理成本越高。

8.2　研究设计

8.2.1 主要变量说明

1.被解释变量:大股东代理成本

国内外学者计量大股东代理成本的方法存在很大的不一致性。Barclay 和 Holdemess(1989)提出当公司的控制权发生变化时,大宗股权转让中的转让价格与市场股票价格之差可以作为控制权私有收益的计量。李增泉等(2004)用大股东侵占程度[以(其他应收款－其他应付款)/总资产计算]表示大股东代理成本。王鹏等(2006)用"应收账款＋预付账款＋其他应收款"的值取自然对数来衡量大股东代理成本。石水平(2010)用"(应收账款＋其他应收款)/总资产"作为大股东代理成本。马曙光等(2005)、杨海燕等(2012)用"其他应收款/总资产"作为衡量大股东代理成本的主要指标。谢德仁等(2013)选用经行业中位数调整的"支付其他和经营活动有关的现金/营业收入"来衡量大股东代理成本。万伟等(2014)使用虚拟变量来衡量大股东代理成本,即:大股东的控制权大于现金流权时取值为 1,表示大股东代理成本高;否则取值为 0,表示大股东代理成本低。本书采用 Ln(应收账款＋预付账款＋其他应收款),并在稳健性检验中采用李增泉等(2004)、杨海燕等(2012)以及万伟等(2014)的方法来衡量大股东代理成本。

2.解释变量:关系嵌入与差序格局

本章采用第 6 章的统计结果,选择实际控制人和总经理作为大股东和经营者代表,将实际控制人和总经理的关系嵌入由强至弱分为本人(经营者为大股东本人)、亲人(经营者为与大股东有血缘、姻缘、亲缘关系的亲人)、熟人(经营者为与大股东有同学、同乡、同事关系的熟人)和外人(除本人、亲人、熟人之外的人)四层关系,差序格局用定序变量 1、2、3、4 表示,依次代表本人、亲人、熟人、外人。另外,按照关系嵌入的类别分别取哑变量,见表8-1。

表 8-1 变量名称与计算方法

变量类别	变量名称	变量符号	计算方法
被解释变量	大股东代理成本	SAC	SAC＝Ln(应收账款＋预付账款＋其他应收款)
解释变量	关系嵌入	GUANXI1	实际控制人与总经理关系为亲人时取 1,其他取 0
		GUANXI2	实际控制人与总经理关系为熟人时取 1,其他取 0
	差序格局	GUANXI3	实际控制人与总经理关系为外人时取 1,其他取 0
		CXGJ	实际控制人与总经理关系按照强弱排序,本人取 1,亲人取 2,熟人取 3,外人取 4,呈差序格局
控制变量	股权集中度	OWNCON1	第一大股东持股数量/总股数×100%
	股权制衡度	ZINDEX	第一大股东持股数量/第二大股东持股数量
	独立董事比例	IDRATIO	独立董事人数/董事会总人数
	高管薪酬	REW3EXE	高管前三名薪酬总额取自然对数
	公司规模	LNTOTASS	公司总资产取自然对数
	每股收益	EPS	净利润/总股数
	总资产增长率	GROWTH1	总资产增长率＝(期末总资产/上年同期总资产－1)×100%
	资产负债率	LEVERAGE	公司总负债/总资产×100%
	行业	INDUSTRY	行业哑变量,以证监会发布的行业分类为标准
	地域	AREA	以第 6 章划分为 7 个地区取哑变量
	年份	YEAR	年度哑变量

3.控制变量：公司治理结构、公司基本特征

（1）公司治理结构。公司治理结构是为解决委托代理冲突而做的一种制度安排，必定会影响大股东与中小股东之间的代理矛盾。已有研究表明，股权结构包括股权集中度和股权制衡度可能是影响大股东资金占用的两个因素（Stepanov，2009；蔡卫星等，2010；罗进辉等，2011），独立董事比例和董事会规模能影响大股东的掏空行为（罗进辉等，2011；余玉苗等，2012）。因高管薪酬能影响高管和大股东合谋的机会成本，本研究还设置了高管薪酬变量。

（2）公司基本特征。公司规模是影响资金占用的一个重要影响因素。大多数的实证研究结果表明，规模越大的公司，资金占用的程度越低（李增泉等，2004；罗党论等，2007；肖作平等，2012；陈红等，2012）。另外，公司的收益水平和成长能力也影响大股东代理成本，上市公司的每股收益越高，成长能力越强，大股东从上市公司得到的回报也越高，从上市公司占用资金的成本也越高，因此资金占用程度越低（罗党论等，2007；杜兴强等，2010；周方召等，2011；梁红玉等，2012）。提高负债可以加强外部监督，从而降低代理成本（Jensen，Meckling，1976；周方召等，2011；陈红等，2012）。本章也控制了资产负债率的影响。第 4 章的统计发现关系嵌入在年度、行业、地区间有很大的差别，本章同时控制这些因素。

上述各类变量的具体含义见表 8-1。

8.2.2 样本与数据

以第 4 章获得的民营上市公司 2007—2012 年 4 484 个非平衡面板数据为基础，通过 Stata 13 软件进行样本平衡处理，得到 317 家上市公司2007—2012 年的平衡面板数据 1 902 个。财务数据、公司治理数据、高管数据来源于国泰安数据库，社会关系数据通过国泰安数据库高管简历以及百度、新浪网等工具手动搜集获得。

8.2.3 研究方法与模型

本书采用广义最小二乘法检验关系嵌入与差序格局对大股东代理成本的影响，具体模型设计如下：

$$SAC_1 = \alpha_0 + \beta_1 CXGJ + \beta_r \sum 控制变量 + \xi$$

$$SAC_2 = \alpha_0 + \beta_1 GUANXI1 + \beta_2 GUANXI2 + \beta_3 GUANXI3 + \beta_r \sum 控制变量 + \xi$$

被解释变量 SAC 为大股东代理成本,解释变量分别为 CXGJ 和 GUANXI1、GUANXI2、GUANXI3。控制变量包括公司基本特征变量和公司治理变量及其他变量,β_0 为常数项,$\beta_1 \sim \beta_r$ 为各个变量的回归系数,见表 8-1。

8.3　研究结果

8.3.1 描述性统计

表 8-2 是民营上市公司关系嵌入的年度样本统计。在平衡面板数据中,我们看到关系嵌入类型在各年度稍有变化。实际控制人本人担任总经理的样本在样本统计年间有上升趋势,亲人总经理在 2008 年和 2009 年有增加,此后保持不变。熟人总经理有下降的趋势,外人总经理有上升的趋势(2012 年有所下降)。总样本中,关系嵌入类型的比例是 422∶199∶936∶345,熟人总经理样本最多,几乎占了总样本的一半,亲人总经理样本最少。

表 8-2　关系嵌入的年度样本统计

单位:家

年份	关系嵌入				总计
	1	2	3	4	
2007 年	70	26	167	54	317
2008 年	66	33	162	56	317
2009 年	68	35	157	57	317
2010 年	71	35	154	57	317
2011 年	71	35	149	62	317
2012 年	76	35	147	59	317
总计	422	199	936	345	1 902

数据来源:作者通过上市公司年报、新浪财经、百度搜索手动搜集整理,下同。

我们在统计中发现,较多的民营上市公司注册所在地是实际控制人的籍贯地,选择亲人、老乡、同学似乎无可厚非,不存在刻意行为。为此,我们还观察了实际控制人籍贯地与公司注册地不一致的样本,也就是实际控制人在外地注册的公司,是否存在差序格局的用人模式,并引发差序格局的大股东代理成本。

表 8-3 实际控制人籍贯地与公司注册地是否一致的关系嵌入样本

单位:家

实际控制人籍贯地是否为公司注册地	关系嵌入				总计
	1	2	3	4	
否	82(24%)	25(7%)	101(29%)	140(40%)	348
是	340(22%)	174(11%)	835(54%)	205(13%)	1 554
总计	422	199	936	345	1 902

从表 8-3 中可以看出,实际控制人籍贯地与上市公司注册地不一致的样本有 348 个,一致的样本是 1 554 个。在不一致的样本中,四类关系嵌入的比例是 24∶7∶29∶40,相对于一致的样本,不一致的样本其熟人总经理的比例下降了一半多,而外人总经理的比例增加了两倍。本人总经理和亲人总经理的比例相差不算太大。所以,实际控制人在当地设立企业的用人优势主要在于有较多的老乡、同学等熟人可以选择。实际控制人在外地设立企业派驻经营者的关系嵌入选择更加主动,可以更有效地检验关系嵌入的选择对大股东代理成本的影响。

表 8-4 是对本章所涉及的变量进行描述性统计。从表中可以看到,大股东代理成本的均值是 19.39,最小值是 14.95,最大值是 23.57。股权集中度和股权制衡度的标准差比较大,第一大股东持股比例最高有 79.77%,最低只有 4.49%,平均持股比例是 31.44%。股权制衡度均值为 10.22,最高有 222.91,最低只有 1。董事会规模最大的是 15 人,最小的只有 3 人,平均有 8.76 人,其中独立董事的比例均值为 36.55%。前三高管的薪酬水平均值是 13.69 万元,标准差不大(0.77)。公司的规模平均是 21.39 亿元,每股收益均值是 0.31 元。总资产增长率平均是 26.1%,标准差很大(92.74),最大值与最小值相差很大。资产负债率平均为 45.77%,最高的值达到 94.78%,

最低只有 0.71%。

表 8-4　各变量描述性统计

变量	观察值	均值	标准差	中位数	最小值	最大值
SAC2	1 902	19.39	1.23	19.41	14.95	23.57
CXGJ	1 902	2.63	1.02	3	1	4
OWNCON1	1 902	31.44	13.43	29.07	4.49	79.77
ZINDEX	1 902	10.22	19.29	3.9	1	222.91
BSCALE	1 886	8.76	1.56	9	3	15
IDRATIO	1 886	36.55	4.93	33.33	14.29	66.67
REW3EXE	1 899	13.69	0.77	13.67	10.4	16.41
TOTASS	1 902	21.39	1.03	21.3	19.05	25.06
GROWTH1	1 902	26.1	92.74	13.89	−65.54	2 613.55
EPS	1 902	0.31	0.39	0.24	−1.42	5.89
LEVERAGE	1 902	45.77	17.88	46.86	0.71	94.78

8.3.2 相关性分析

表 8-5 是对被解释变量与解释变量之间的 spearman 相关性检验。从中可以看出,CXGJ 与关系嵌入的三个哑变量 GUANXI1、GUANXI2、GUANXI3 高度相关,我们在回归的时候不同时放进模型中。其他解释变量之间的相关系数较小,方差膨胀因子(VIF)都在 2 以下,可以有效避免多重共线性的影响。

表 8-5　变量间的相关性

	SAC	CXGJ	GUANXI1	GUANXI2	GUANXI3	OWNCON1	ZINDEX	BSCALE	IDRATIO	REW3EXE	TOTASS	LEVERAGE	GROWTH1	EPS
SAC	1													
CXGJ	0.0056	1												
GUANXI1	0.0264	-0.2876*	1											
GUANXI2	0.0547*	0.2646*	-0.3359*	1										
GUANXI3	-0.0404*	0.7195*	-0.1613*	-0.4637*	1									
OWNCON1	0.0495*	-0.0646*	0.0945*	-0.003	-0.0693*	1								
ZINDEX	0.0513*	0.1026*	0.0266	-0.0245	0.0134	0.5240*	1							
BSCALE	0.1713*	-0.0004	-0.0206	0.1142*	-0.0824*	-0.0494*	-0.1534*	1						
IDRATIO	0.023	-0.0363	0.0371	-0.0520*	0.0012	0.0430*	0.0999*	-0.3948*	1					
REW3EXE	0.3150*	0.0136	-0.0849*	-0.0295	0.0477*	-0.0079	-0.0155	0.1247*	-0.0189	1				
TOTASS	0.7569*	0.1428*	-0.003	0.1287*	0.0285	0.0744*	0.1509*	0.1807*	-0.0174	0.3887*	1			
LEVERAGE	0.3510*	0.0706*	0.0215	0.0685*	0.0067	0.1243*	0.1254*	0.1326*	-0.0889*	0.0811*	0.4189*	1		
GROWTH1	0.2287*	-0.0738*	-0.0578*	0.0271	-0.0752*	0.1012*	-0.0806*	0.0575*	-0.0088	0.1149*	0.2166*	0.1119*	1	
EPS	0.3003*	-0.0880*	-0.0456*	0.0457*	-0.1034*	0.1315*	-0.0897*	0.0961*	-0.0261	0.2945*	0.2646*	-0.0837*	0.4604*	1

注：* 表示相关系数的显著性水平在 0.1 以上。

8.3.3 多元回归分析

1.基本回归

利用 Stata 13.0 对模型进行固定效应、随机效应和混合效应检验,通过似然比方法和 Hausman 方法检验不同效应的冗余性,最后选择固定效应模型。表 8-6 是利用固定效应模型对全部变量做的回归检验。

表 8-6 固定效应模型回归

自变量	SAC	
	1	2
CXGJ		-0.11^{***} (-3.88)
GUANXI1	-0.06 (-0.5)	
GUANXI2	-0.35^{***} (-5.11)	
GUANXI3	-0.24^{***} (-2.77)	
OWNCON1	-0.001 (-0.39)	-0.000 (-0.05)
ZINDEX	0.001 (0.62)	0.000 (0.41)
BSCALE	-0.02 (-1.11)	-0.023 (-1.33)
IDRATIO	0.002 (0.49)	0.002 (0.46)
REW3EXE	0.03 (0.78)	0.04 (1.21)
TOTASS	0.40^{***} (9.38)	0.38^{***} (9.01)
LEVERAGE	0.01^{***} (4.6)	0.007^{***} (4.77)
GROWTH1	0.000^{*} (1.82)	0.000^{*} (1.92)
EPS	0.13^{***} (3.07)	0.13^{***} (2.97)

续表

自变量	SAC	
	1	2
INDUSTRY	控制	控制
AREAR	控制	控制
YEAR	控制	控制
R^2	0.28	0.28
F 统计量	18.75	19.44

注:括号内为 P 值,***、**、*分别表示在 1%、5%、10%的水平上显著,下同。

回归 1 和回归 2 是分别对关系嵌入类别和差序格局进行回归的结果。回归中,我们看到解释变量对大股东代理成本 SAC 有显著的负影响。CXGJ 的系数显著为负,说明大股东代理成本随着差序格局递减,与基本假设吻合。GUANXI1、GUANXI2、GUANXI3 的系数为负,只有 GUANXI1 的系数不显著,说明熟人总经理和外人总经理比其他总经理能显著降低大股东代理成本;从系数的大小来看,熟人总经理的系数最大,降低大股东代理成本的作用更显著。

从控制变量对大股东代理成本的影响来看,公司治理特征变量系数都不显著,说明公司治理结构没能对大股东代理成本发挥治理作用。公司基本特征变量对大股东代理成本都有显著的影响:公司规模越大,大股东代理成本越高;资产负债率越高,大股东代理成本越高;公司成长性越强,大股东代理成本越高,但系数很小;公司收益性越好,大股东代理成本越高。

2.对固定效应模型的检验与修正

接下来,我们对固定效应模型进行异方差和序列相关性检验。Modified Wald 检验显示存在异方差,Wooldridge 检验显示存在一阶序列相关。我们采用广义线性模型(cross-sectional time-series FGLS regression)逐步回归法剔除不显著的变量后对异方差和序列相关进行修正,并再次对修正结果进行相关检验,结果不存在异方差和序列相关性。结果如表 8-7。

表 8-7　FGLS 回归结果

自变量	SAC			
	3	4	5	6
CXGJ		-0.08^{***} (-6.94)	-0.14^{***} (-4.22)	
GUANXI1	-0.038 (-1.13)			-0.13 (-1.21)
GUANXI2	-0.17^{***} (-6.41)			-0.28^{***} (-2.92)
GUANXI3	-0.21^{***} (-5.31)			-0.44^{***} (-4.22)
TOTASS	0.73^{***} (44.02)	0.73^{***} (44.17)	0.76^{***} (17.57)	0.77^{***} (-17.44)
LEVERAGE	0.007^{***} (9.39)	0.007^{***} (9.3)	0.011^{***} (5.32)	0.01^{***} (-5.27)
GROWTH1	-0.000 (-0.62)	-0.000 (-0.54)	0.000 (0.84)	0.000 (-0.95)
EPS	0.19^{***} (8.4)	0.19^{***} (8.29)	0.17^{**} (2.21)	0.18^{**} (-2.22)
INDUSTRY	控制	控制	控制	控制
AREA	控制	控制	控制	控制
YEAR	控制	控制	控制	控制
Chi	$4\ 285^{***}$	$4\ 215^{***}$	727^{***}	746^{***}
N	1 902	1 902	345	345

注:同表 8-6。

回归 3 和回归 4 是对全样本的回归结果。解释变量 CXGJ 与 GUANXI1、GUANXI2、GUANXI3 的显著性没有改变,且 GUANXI3 的系数变大。这说明大股东代理成本 SAC 随着差序格局 CXGJ 递减,且外人总经理在降低大股东代理成本上最显著,熟人次之。这很好地支持了原假设。TOTASS、LEVERAGE、EPS 的系数都显著为正,说明公司规模、资产负债率、公司受益水平越高,大股东代理成本越高。公司的成长性对大股东代理成本的作用不显著。

考虑公司注册地与实际控制人不一致的样本,共 345 个。以同样的方法进行回归 5 和回归 6。结果显示,解释变量的系数在显著性水平不变的情况下更大了,说明实际控制人在外地的企业的控制中更依赖与总经理的关系,关系嵌入越强,大股东代理成本越高。其他控制变量的系数与全样本的回归一致。

8.3.4　稳健性检验

1.内生性问题

由于总经理的任职在一定的任期内是不变的,不会因为大股东代理成本高就立即更换总经理,因此模型不存在反向因果关系,可以排除关系嵌入和差序格局的内生性问题。保险起见,我们使用经行业调整的大股东代理成本(SAC－行业 SAC 均值)。为了避免遗漏变量和度量误差可能导致的内生性问题,我们选取初始样本中 2012 年的关系嵌入数据,公司基本特征数据和财务数据从锐思数据库(RESSET)下载,并加入总经理素质变量等可能引起大股东代理成本变化的变量,仿照王明琳等(2014)消除异方差的方法,使用 EViews 8.0 进行怀特截面加权法进行回归。回归结果如表 8-8。

表 8-8　2012 年截面数据检验

变量	ADJ-SAC	
	7	8
CXGJ	-0.08^{***} (-3.81)	
GUANXI1		-0.17^{*} (-1.90)
GUANXI2		-0.18^{***} (-3.42)
GUANXI3		-0.24^{***} (-3.05)
OWNCON1	-0.001 (-0.94)	-0.001 (-0.91)
ZINDEX	-0.001 (-1.23)	-0.001 (-1.22)
BSCALE	0.014 (0.741)	0.015 (0.77)
IDRATIO	0.007 (1.43)	0.007 (1.39)

续表

变量	ADJ-SAC	
	7	8
REW3EXE	0.015 (0.36)	0.01 (0.25)
TOTASS	0.88*** (28.36)	0.88*** (28.66)
LEVERAGE	0.008*** (5.15)	0.008*** (5.17)
GROWTH1	−0.018 (−0.73)	−0.01 (−0.78)
EPS	0.11* (1.88)	0.11* (1.86)
EDUCATION	0.02 (0.94)	0.019 (0.83)
AGE	−0.007** (−2.06)	−0.008** (−2.23)
GENDER	0.079 (0.76)	0.069 (0.67)
INDUSTRY	控制	控制
AREA	控制	控制
YEAR	控制	控制
R^2	0.53	0.53
调整 R^2	0.53	0.53
N	1 198	1 198

从回归 7 和回归 8 可以看出结果和前面的检验一致，进一步证实了大股东代理成本随着差序格局递减，外人总经理的大股东代理成本最低，熟人总经理次之，亲人总经理较高，本人总经理最高，系数都十分显著。公司治理结构变量依旧不显著，公司特征变量显著，总经理的基本素质特征变量只有年龄显著。年龄越大，大股东代理成本越低。这说明年龄越大的总经理越不受实际控制人的操控，他们之间的合谋概率低，从而大股东代理成本低。以上说明我们的回归结果非常稳健，不存在内生性问题。

2.其他稳健性检验

本章还采用其他指标来衡量大股东代理成本:一是采用李增泉等(2004)的方法,用"(其他应收款—其他应付款)/总资产"代表大股东代理成本;二是采用杨海燕等(2012)的方法,用"其他应收款/总资产"代表大股东代理成本;三是采用万伟等(2014)的方法对被解释变量做哑变量,重复上述回归检验,结论没有实质性变化。另外,本章还采用控制变量的不同替代指标,如用销售收入增长率替换总资产周转率,用总资产净利润率(ROA)或净资产收益率(ROE)替换每股收益指标,结果都没有实质性变化。实证结论很好地支持了本章的假设。

8.4　本章小结

大股东掏空上市公司的行为在我国上市公司中已司空见惯,大股东通过手中的控制权操控管理层进行关联交易、关联担保、直接借用上市公司资金等手段掏空上市公司,上市公司成为大股东圈钱的工具。大股东主要通过在上市公司安插自己人为己谋利,侵占其他中小股东利益。统计发现实际控制人籍贯地与公司注册地一致的民营上市公司中 87% 的总经理来源于家族成员和熟人等泛家族成员,只有 13% 的外人总经理。在实际控制人籍贯地与公司注册地不一致的民营上市公司中,有 40% 的总经理来自外人。所以这种用人机制也受制于环境。但很明显,在所有的民营上市公司中,所有者与经营者的关系嵌入呈现差序格局,也影响到了大股东代理成本。

本章从差序格局的关系嵌入角度研究了关系嵌入和差序格局对大股东代理成本的影响,实证检验很好地支持了原假设。大股东代理成本随着实际控制人与总经理关系嵌入的差序格局递减,实际控制人亲自担任经营者对中小股东的利益侵占最直接、最突出。实际控制人选派自己的亲人担任经营者,亲人与实际控制人的利益一致,往往成为实际控制人控制企业的代言人,因而有较高的大股东代理成本。本人的精力有限,亲人的经营资源有限,熟人就成为实际控制人选择经营者的次优选择。选择自己熟悉的、了解的同学、同事、同乡、朋友来控制企业的经营权,通过人情和感情纽带拉拢熟人为自己的利益服务。但这种熟人之间的感情是不稳定的,当这种情感联结不强或变弱的时候,熟人总经理不一定会成为其合谋者以维护大股东的利益,所以熟人总经理的大股东代理成本较低。当经营者为外人时,大股东与总经理没有情感纠葛,合谋的概率小。经营者按照契约行事,能够较好地履行经营者的职责,较多地考虑中小股东的利益,因而大股东代理成本最低。

在我们的回归结果中,公司治理结构变量都不显著,民营上市公司的治理结构安排不能有效降低大股东代理成本,保护中小股东利益。股权结构不合理,股权集中和股权制衡不能有效制约大股东的侵占动机;董事会的规模以及独立董事没能发挥出监督作用,没能有效保护中小投资者的利益;高管薪酬也不能增加经营者与大股东合谋损害中小股东利益的机会成本,没有起到激励约束的作用。所有结果都说明:民营上市公司治理结构安排并不能有效监督和抑制大股东对中小股东利益的侵占,民营上市公司治理结构有待完善。

大股东、经营者为了自身利益坑蒙拐骗、巧取豪夺,在公司治理水平不高、法制建设不完善、信用机制没有建立的市场环境下,人治超越法治,必然导致各种股市乱象。在关系治理盛行的文化环境下,加强法治信用和公民道德素质建设,强化制度的约束,才能彻底改变人治对法治的随意践踏,保护好中小投资者的利益。

第 9 章

差序格局的关系嵌入对
债务代理成本的影响

第 7 章和第 8 章分别分析了大股东与经营者关系嵌入类型与差序格局对股权代理成本和大股东代理成本的影响,实证检验支持了经营者作为关键角色与大股东的关系嵌入强弱能够影响这两类代理成本。本章将研究大股东与经营者关系嵌入强度能否对股东与债权人之间的利益冲突产生影响。

9.1　理论假设

Jensen 和 Meckling(1976)定义了两类代理成本,其中第二类代理成本是股东和债权人之间的代理成本,主要表现为股东为了自身利益对投资项目做出有利于自身的决策。由于股东对公司债务只有有限责任,投资失败的绝大部分风险将由债权人承担。企业获得债务融资后,债权人通过债务契约将资金委托给股东进行投资,由于债务契约不完全以及股东和债权人的利益目标不同,二者会产生委托代理冲突。在企业,股东一般通过经营者实施融投资决策,如果经营者以股东利益为重心,可能会侵害债权人的利益,这种利益冲突就导致了债务代理成本。从前面的研究可推断,当经营者和大股东的关系嵌入强度不一样时,两者之间的合作程度与信任能力是有区别的,从而可能通过经营者的决策行为影响股东与债权人之间的利益冲突和利益分配。

假设理性的债权人能事先通过观察大股东与经营者的关系嵌入行为和

关系嵌入强度，了解公司融资意图和战略，利用关系嵌入强度来推测大股东与经营者的合谋概率，也即经营者维护大股东利益的概率，进而确定自己利益可能受损的概率，要求股东支付相应的利息补偿或增加相应的限制条款。债权人如果观察到大股东与经营者关系嵌入很强，那么二者合谋的概率大，经营者维护股东利益越强，要求提高利益进行补偿，因而增加了债务代理成本；反之，可减少债务代理成本。

具体来说，债权人可以通过以下几种可能侵害自身利益的行为来考虑相应的补偿成本：

（1）是否存在转移原有债权人利益的行为。如果公司发行债券后，股东通过控制经营者提高股利发放水平，股利支出的增加可能会降低投资支出，甚至通过廉价出售现有资产的方式获得现金流去支付股利，影响公司的债券价值，侵害债权人的利益。另外，大股东可能通过亲密的经营者进行关联担保和关联交易以及资产重组等，这提高了原有债权人的债权风险，稀释了其原本收益，侵害了他们的利益。这些转移原有债权人利益的行为，都是通过股东尤其是大股东与经营者的决策行为来实现的，大股东与经营者的关系嵌入越强，以转移债权人利益维护股东利益的动机越强烈，债务代理成本越高。

（2）是否存在资产替代行为。在公司有外部债权人的前提条件下，公司经营者可能会投资高风险项目。如果投资成功，获得的收益除还本付息外，大部分将由股东占有；若投资失败，股东只在持股范围内对损失承担有限责任，其他损失，甚至引发的公司破产和清算都可能导致债权人血本无归。股东享受了大部分的收益而债权人承担了大部分的风险，致使股东偏好投资高风险高收益项目而不是收益和风险都低的稳健项目。在资产替代可行的前提下，当大股东与经营者关系嵌入越强时，指使经营者进行高风险项目投资的概率越大，经营者配合的概率也越大，从而债务代理成本越高。

（3）是否存在投资不足行为。在公司有外部债权人的前提条件下，公司当前有较好的投资项目，可能会带来较高的收益，但是受制于较多的未到期债务还本付息压力，即使项目对债权人有利，股东或经营者也会选择持有现金，而不投资该项目，从而发生投资不足行为。大股东与经营者的关系嵌入越强，维护股东利益越强烈，不对项目进行投资的决策越一致，投资不足的行为导致的债务代理成本越高。

因此,本章推出以下假设:

> 假设:大股东与经营者关系嵌入越强,债务代理成本越高。

9.2 研究设计

9.2.1 研究变量

1.被解释变量:债务代理成本

国外学者大都使用公司发行在外的债券的加权平均收益率与具有同样到期时间的国债收益率之差来衡量债务代理成本,如 Francis 等(2002)、Anderson 等(2003)、Klock 等(2003)、Paul(2009)等的研究。国内学者如李源(2006)、李海燕(2008)、王刚(2008)、王志芳(2009)、陈建林等(2013),大都以利息支出率[利息支出/(长期借款＋短期借款)]衡量上市公司债务代理成本。刘星和宋小保(2007)通过把大股东代理的影响内生到实物期权模型中,分析了大股东代理对负债代理成本的影响。借鉴学者们的研究成果,我们也采用利息支出率[利息支出/(长期借款＋短期借款)]作为债务代理成本的代理变量。

2.解释变量:关系嵌入强度

如前面章节介绍的,大股东与经营者的关系嵌入强度以实际控制人和总经理为代表,将实际控制人和总经理的关系嵌入由强至弱分为本人(经营者为大股东本人)、亲人(经营者为与大股东有血缘、姻缘、亲缘关系的亲人)、熟人(经营者为与大股东有同学、同乡、同事关系的熟人)和外人(除本人、亲人、熟人之外的人)四层关系,差序格局用定序变量1、2、3、4表示,依次代表本人、亲人、熟人、外人。另外,按照关系嵌入的类别分别取哑变量。方法同第7章和第8章。

3.控制变量:公司治理结构变量、公司基本特征变量

(1)公司治理结构是为解决委托代理冲突而做的一种制度安排,其治理机制必然影响债权人与股东之间的代理成本。本章选择股权结构(第一大股东持股比例)、独立董事比例、前三高管薪酬作为控制变量。预计第一大

股东持股比例越高,侵占债权人利益的行为越强烈,债务代理成本越高;独立董事比例越高,对债券人的保护越强,大股东代理成本越低;高管薪酬越高,作为回报,给予股东利益更多的关注和维护,因而大股东代理成本越高。

(2)公司基本特征变量,包括资产负债率、公司规模、盈利能力(每股收益)、成长性(总资产增长率)。融资约束(资产负债率)被认为是约束大股东代理成本很好的因素,公司规模越大,债权人了解公司运营的真实状况越难,股东和经营者侵占债权人利益越严重。公司盈利能力也是债务人获取利润的能力,是债权人在放贷时重点考虑的因素。公司盈利能力越强,还本付息的能力越强,债务代理成本越低。公司成长性越强,债权人的投资回报率越高,债务代理成本越低。第 8 章的统计发现关系嵌入在年度、行业、地区上有很大的差别,本章同时控制这些因素。

9.2.2 样本与数据来源

以第 8 章获得的民营上市公司 2007—2012 年 4 484 个非平衡面板数据为研究样本,删除没有披露利息费用的样本 882 个,得到样本 3 602 个。除利息支出数据来源于万德(WIND)数据库,其他财务数据、公司治理数据、高管数据来源于国泰安数据库,关系嵌入数据通过国泰安数据库高管简历以及百度、新浪网等工具手动搜集获得。

9.2.3 研究方法与模型

本书采用广义最小二乘法检验关系嵌入强度对债务代理成本的影响,具体模型设计如下:

$$\text{DCOST}_1 = \alpha_0 + \beta_1 \text{CXGJ} + \beta_r \sum \text{控制变量} + \xi$$
$$\text{DCOST}_2 = \alpha_0 + \beta_1 \text{GUANXI1} + \beta_2 \text{GUANXI2} + \beta_3 \text{GUANXI3} + \beta_r \sum \text{控制变量} + \xi$$

被解释变量 DCOST 为大股东代理成本,关系嵌入强度分别用 CXGJ 和 GUANXI1、GUANXI2、GUANXI3 表示。控制变量包括公司基本特征变量和公司治理变量及其他变量,β_0 为常数项,$\beta_1 \sim \beta_r$ 为各个变量的回归系数,见第 8 章的变量说明表。

9.3 研究结果

9.3.1 描述性统计

表 9-1 是对债务代理成本分关系嵌入类型的年度均值统计。从样本的年度分布来看,2007—2009 年的样本差不多,2010 增长了 1 倍,2011 年和 2012 年的样本均有 900 多个。从债务代理成本的年度均值来看,2007—2009 年的债务代理成本均值偏高,后三年的均值偏低。从关系嵌入的年度债务代理成本均值看,本人总经理的债务代理成本均值最低,外人总经理的债务代理成本均值最高,债务代理成本均值按照差序格局递增。从各年度的统计数据也可以大致看出这样的一个趋势。

表 9-1 大股东代理成本分关系嵌入的年度均值统计

年份	样本/个	关系嵌入				总计
		1	2	3	4	
2007 年	305	16.02	16.88	16.66	16.42	16.48
2008 年	339	16.06	16.53	16.61	16.85	16.50
2009 年	334	15.36	16.51	16.37	16.60	16.11
2010 年	699	15.11	15.89	16.24	16.43	15.76
2011 年	927	15.31	16.01	16.30	16.25	15.83
2012 年	998	15.53	16.40	16.42	16.57	16.06
总计	3 602	15.42	16.26	16.40	16.50	16.02

数据来源:万德(WIND)数据库,关系嵌入由手工编制。

表 9-2 是因变量、自变量的基本统计情况。从表中看到大股东代理成本(DCOST)的均值是 16.02,中位数是 16.29,最大值和最小值相差比较大,标准差是 2.01。控制变量中,资产负债率和总资产增长率的两极分化比较

严重,标准差达到了 207.1 和 21.83,两者的极端值相差很大,其影响也比较明显。第一大股东的持股比例最低为 2.2%,最高达到 86.49%,均值为 34.04%。民营企业的第一大股东持股比例都偏高。独立董事比例平均约 37%,形式上基本都符合证监会对独立董事人数的要求。前三高管薪酬的均值是 13.74,两极分化不严重。资产规模的均值是 21.3,中位数也为 21.17,两极分化也不严重。每股收益的均值和中位数分别是 0.4 和 0.35,最低是 −3.15,最高是 3.82。

表 9-2　变量描述性统计分析

变量	样本/个	均值	标准差	中位数	最小值	最大值
DCOST	3 602	16.02	2.01	16.29	2.37	21.24
CXGJ	3 602	2.28	1.13	3	1	4
OWNCON1	3 602	34.04	14.44	31.91	2.2	86.49
IDRATIO	3 582	36.97	5.19	33.33	20	66.67
REW3EXE	3 598	13.74	0.73	13.75	10.09	16.96
TOTASS	3 602	21.3	0.96	21.17	14.16	25.06
LEVERAGE	3 602	42.42	207.1	37.88	0.71	12 402.23
GROWTH1	3 526	0.92	21.83	0.18	−0.99	1 288.64
EPS	3 526	0.4	0.43	0.35	−3.15	3.82

数据来源:国泰安数据库、万德数据库,关系嵌入数据通过手工编制,下同。

9.3.2 相关性分析

表 9-3 是对被解释变量与解释变量之间的 Spearman 相关性检验。从中可以看出,自变量 CXGJ 以及 GUANXI1、GUANXI2、GUANXI3 与其他解释变量之间的相关系数较小,控制变量之间的相关系数也较小,方差膨胀因子(VIF)都在 2 以下,可以有效避免多重共线性的影响。

表 9-3　变量相关性分析

	DCOST	CXGJ	GUANXI1	GUANXI2	GUANXI3	OMNCON1	IDRATIO	REW3EXE	TOTAS	LEVERAGE	GROWTH1	EPS
DCOST	1											
CXGJ	0.2269*	1										
GUANXI1	0.0371*	−0.0716*	1									
GUANXI2	0.1461*	0.5080*	−0.2377*	1								
GUANXI3	0.0977*	0.6257*	−0.1241*	−0.3159*	1							
OMNCON1	−0.0053	−0.0562*	0.0508	−0.0269*	−0.0492*	1						
IDRATIO	−0.0560*	−0.0752*	−0.0215	−0.0548*	−0.0247*	0.0740*	1					
REW3EXE	0.1139*	−0.0239	−0.0680*	−0.0726*	0.0597	0.0595*	0.0047	1				
TOTASS	0.5972*	0.1566*	0.0234	0.1036*	0.0664*	0.1601*	−0.0322*	0.4148*	1			
LEVERAGE	0.0823*	0.0439*	−0.0043	0.0498*	0.0022	−0.0227	0.0198	−0.0278*	−0.1258*	1		
GROWTH1	0.0043	0.0190	−0.0081	−0.0122	0.0342*	0.0444*	−0.0107	0.0331*	0.0319*	0.0004	1	
EPS	−0.1369*	−0.1618*	−0.0197	−0.0703*	−0.1043*	0.1653*	0.0129	0.2681*	0.1901*	0.0408*	0.0260*	1

注:显著性水平在 0.1% 以上都标注 *。

9.3.3 回归分析

1.基本回归

采用固定效应模型和似然比方法、Hausman 方法,对模型进行检验。表 9-4 是采用固定效应模型估计的结果。

表 9-4 对债务成本的固定效应模型回归结果

自变量	DCOST	
	1	2
CXGJ		−0.005 (−0.14)
GUANXI1	−0.03 (−0.23)	
GUANXI2	0.013 (0.14)	
GUANXI3	−0.033 (−0.28)	
OWNCON1	−0.006 (−1.40)	−0.01 (−1.4)
IDRATIO	−0.007 (−1.23)	−0.007 (−1.22)
REW3EXE	−0.04 (−0.74)	−0.04 (−0.78)
TOTASS	1.15*** (17.80)	1.15*** (17.87)
LEVERAGE	0.02*** (10.07)	0.02*** (10.07)
GROWTH1	0.000 (0.80)	0.000 (0.8)
EPS	−0.020 (−0.32)	−0.021 (−0.33)
INDUSTRY	控制	控制
AREA	控制	控制
YEAR	控制	控制
R^2	0.2676	0.2676
F 统计量	27.03	28.91
样本量	3 503	3 503

回归 1 和回归 2 采用不同的解释变量，而控制变量都相同，样本是 3 503 个，回归模型都显著，R^2 为 0.27。从表 9-4 中可以看出，解释变量 CXGJ 与 GUANXI1、GUANXI3 的系数为负，但系数不显著。可以大致判断债务代理成本与差序格局以及关系嵌入呈弱势的负相关关系，即关系嵌入强度越大，债务代理成本越高，基本符合假设推断。公司治理结构控制变量的系数都为负，系数都不显著。第一大股东持股比例越高，独立董事比例越高，高管薪酬越高，债务代理成本越低，说明公司治理结构可以抑制债务代理成本的增加，但作用不是很明显。公司基本特征变量对债务代理成本的作用比较显著：公司规模越大，公司的经营越复杂，债务人对公司的了解越难，因此要求提高利息以应对不确定性的提高，故债务代理成本越高；公司资产负债率越高，债务代理成本越高，资产负债率太高会引起债务人对公司还本付息能力的怀疑，故要求较高的利息进行补偿，因而增加了债务成本。公司的成长性（GROWTH1）和盈利性（EPS）系数都不显著，成长性和盈利性对债务代理成本的影响有限。

2. 对模型的检验与修正

为了检验模型回归结果的稳健性，对固定效应模型进行异方差和序列相关性检验，发现模型存在异方差和一阶序列相关。为了得到更精确的估计，我们首先利用 Stata 对面板数据进行了平衡处理，得到有效样本 886 个。然后对固定效应模型进行异方差和一阶序列相关修正，得到的结果再进行检验，不存在异方差和序列相关。回归结果如表 9-5。回归 3 和回归 4 分别是对回归 1 和回归 2 的修正。可以看出，模型回归的整体显著性提高，R^2 达到 0.56。

回归 3 的解释变量 GUANXI1 显著为负，说明亲人总经理比其他总经理能显著降低债务代理成本。但 GUANXI2、GUANXI3 的系数不显著，不能说明关系嵌入强度与债务代理成本的关系。同样在回归 4 中，差序格局的系数不显著，也不能说明债务代理成本随着差序格局递减。因此，本章的假设没有得到实证检验的支持。这可能是因为样本平衡化处理剔除的样本太多，在稳健性检验中我们还会尝试别的方法。

再看控制变量对债务代理成本的影响。我们发现对模型进行修正后，公司治理结构变量系数变得显著且符号为正，第一大股东持股比例越高，债务代理成本越高。这说明第一大股东对债务人利益的侵占随着持股比例的增加而增大，股权越集中，债务代理成本越高。独立董事比例系数不显著。

表 9-5　修正回归结果

自变量	DCOST	
	3	4
CXGJ		0.007 (0.39)
GUANXI1	−0.21** (−2.66)	
GUANXI2	0.007 (0.13)	
GUANXI3	0.006 (0.13)	
OWNCON1	0.011*** (4.56)	0.01*** (4.94)
IDRATIO	0.005 (0.89)	0.005 (0.9)
REW3EXE	0.14*** (7.81)	0.14*** (9.79)
TOTASS	0.97*** (22.08)	0.97*** (22.68)
LEVERAGE	0.01*** (6.41)	0.01*** (6.25)
GROWTH1	−0.007 (−0.52)	−0.008 (−0.59)
EPS	−0.107 (−1.66)	−0.10 (−1.61)
INDUSTRY	控制	控制
AREA	控制	控制
YEAR	控制	控制
R^2	0.56	0.56
F-统计量	28.33	33.25
样本量	866	866

前三高管薪酬与债务代理成本显著正相关,说明给高管的薪酬水平越高,侵占债务人的利益越严重,债务代理成本越高。公司成长性和盈利性对大股东代理成本的影响系数依旧不显著。

3.分样本回归

我们再将样本按实际控制人籍贯地与公司注册地是否一致分成两类分别进行回归。因公司成长性和盈利性的回归系数不显著,我们去除这两个变量。实际控制人籍贯地与公司注册地不一致的样本有 204 个,一致的样本有 692 个。表 9-6 中,回归 5~6 是分样本对模型 4 进行的回归,回归 7~8 是分样本对模型 3 进行的回归。在对差序格局变量的回归结果中,回归 5 显示差序格局的系数为负但不显著,而回归 6 则显著为正。这说明实际控

表 9-6　分样本回归结果

自变量	DCOST			
	5	6	7	8
CXGJ	−0.003 (−0.10)	0.049** (2.63)		
GUANXI1			−0.06 (−0.73)	−0.23 (−1.93)
GUANXI2			−0.11 (−0.63)	0.10 (1.42)
GUANXI3			0.04 (0.39)	0.10* (2.03)
OWNCON1	0.011 (1.36)	0.006*** (4.76)	0.01 (1.36)	0.005*** (4.16)
IDRATIO	0.030** (3.64)	0.001 (0.17)	0.03** (3.30)	0.000 (0.12)
REW3EXE	0.28** (3.40)	0.076** (2.60)	0.26** (3.44)	0.07* (2.19)
TOTASS	0.94*** (13.64)	0.92*** (30.01)	0.96*** (9.86)	0.90*** (34.00)
LEVERAGE	0.02*** (10.75)	0.017*** (6.73)	0.02*** (11.16)	0.017*** (6.95)
INDUSTRY	控制	控制	控制	控制
AREA	控制	控制	控制	控制
YEAR	控制	控制	控制	控制
R^2	0.63	0.57	0.63	0.57
F-统计量	38.2	13.56	4.89	14.2
样本量	204	692	204	692

制人在外地注册企业的关系嵌入样本更支持我们的理论假设。在这样的公司中,实际控制人更依赖与经营者的关系来维护自己的利益,因而对债务人的侵害更强。这种作用在回归 7 和回归 8 的对比中也得到了证实,回归 7 中 GUANXI1 和 GUANXI2 的系数为负。回归 6 变量的系数显著为正和回归 8 的 GUANXI3 显著为正,这说明在实际控制人与公司注册地一致的民营企业中,外人总经理显著地提高了债务代理成本,使得整体的债务代理成本随着差序格局递增。出现这种结果的原因可能是民营上市公司的外人总经理为了职位的稳定倾向于巴结和讨好大股东而不顾债权人的利益。

从其他自变量的回归结果看,在实际控制人与公司注册地不一致的样本中,第一大股东持股比例对债务代理成本的影响不显著,独立董事的比例显著为正;而在实际控制人与公司注册地一致的样本中,第一大股东持股比例系数显著,而独立董事比例不显著。表明实际控制人在外地注册的公司更依赖于公司高管层的选择,独立董事以及经营者关系嵌入越强,大股东对他们的控制越强,越有利于他们与自己合谋以维护自身的利益。而在实际控制人与公司注册地一致的公司,实际控制人是当地人,只需要一定的持股比例就有相当多的话语权并得到高管层更多的拥护。其他控制变量包括前三高管薪酬、公司规模和资产负债率,在两类样本中的影响没有区别,都显著为正,与回归结果 3 和回归 4 是一致的,不再赘述。

9.4 稳健性检验

与前面章节一致,由于总经理的任职在一定的任期内是不变的,不会因为债务代理成本高就立即更换总经理,因此模型不存在反向因果关系,可以排除关系嵌入和差序格局的内生性问题。为了避免遗漏变量和度量误差可能导致的内生性问题,我们使用经行业调整的债务代理成本(DCOST－行业 DCOST 均值),选取初始样本中 2012 年的关系嵌入数据,公司基本特征数据和财务数据从锐思数据库(RESSET)下载,并加入总经理素质变量等可能引起大股东代理成本变化的变量,仿照王明琳等(2014)消除面板数据在时间上较窄而横截面上较宽导致的异方差方法,使用 EViews 8.0 进行怀特截面加权法进行回归。回归结果也同回归 3 和回归 4 一致,理论假设没能得到实证检验的支持。

本章还采用控制变量的不同替代指标,如用销售收入增长率替换总资产周转率,用总资产净利润率(ROA)或净资产收益率(ROE)替换每股收益指标,结果都显示解释变量与被解释变量负相关,但显著性水平都不高。

9.5　本章小结

本章尝试了多种方法来检验差序格局的关系嵌入对债务代理成本的影响,一是用 Stata 13.0 分别对非平衡和平衡样本做回归分析;二是采用EViews 8.0 对 2012 年的截面数据采用怀特截面加权法进行检验;三是对实际控制人籍贯地与公司注册地是否一致分样本进行回归分析,并对回归结果进行相应的检验。

实证结果显示,关系嵌入与差序格局对债务代理成本有负的影响,但系数并不显著。研究结果不显著的原因有三:一是在理论研究的时候发现债务代理成本与关系嵌入的关系要依大股东与经营者的关系利益分享系数,实证分析没有将样本按关系利益分享系数分类考察;二是因变量的代理变量数据是从国泰安数据库、锐思数据库、万德数据库等知名的数据库下载的,其中利息支出、长期借款、短期借款有大量数据缺失,导致回归结果不理想;三是我们对面板数据的处理和检验用平衡面板数据是最可靠的,但在对面板数据平衡处理的过程中剔除了大量数据,影响了实证结果的可靠性和代表性。虽然回归结果只显示了解释变量和因变量的弱负相关关系,但还是能说明关系嵌入和差序格局对债权人、债务人利益的影响。

从公司治理结构变量对债务代理成本的影响看,本章的回归结果显示了公司治理结构变量发挥了较为显著的作用:第一大股东持股比例越高,股东侵占债权人利益越明显,大股东代理成本越高;前三高管薪酬越高,作为代理人的经营者从股东获得的报酬越高,因而越依附于股东,替股东说话,维护股东的利益,以保护自己的高薪,所以债务代理成本越高;独立董事一直被视为保护中小股东和利益相关者的重要力量,但在我国,其监督作用和专家意见能力十分有限,很多时候充当的是花瓶。这与独立董事的聘任和报酬机制有关,拿人手短,吃人嘴软,一般的独立董事都不会去得罪自己的东家,监督和提意见成了证监会的理想愿望。总之,公司治理结构对债务代理成本的治理作用有限。结合前面两章公司治理结构安排对股权代理成本和大股东代理成本影响的结论,可以发现我国民营上市公司治理结构对降低公司代理成本没有发挥有效的作用。

从公司基本特征变量对债务代理成本的影响看,公司规模、资产负债率有显著的效果。公司规模越大,经营越复杂,债权人与公司的信息不对称问题越突出,债权人为了保护自己的利益提高利息收入,从而提高了债务代理成本。资产负债率越高,公司的还本付息压力越大,债权人为保障本金安全而提高利息收入,进而提高了债务代理成本。公司的成长性和盈利性对债务代理成本的影响不明显。

本章的理论思路和实证分析能够给债权人带来启示:适当关注大股东与经营者的关系嵌入方式和强度,结合公司的基本特征,能够给债权人确定投资风险和收益提供证据。

第 10 章

结论与展望

10.1　研究结论与启示

本书通过理论研究和实证研究相结合的方法,从社会关系的角度研究差序格局的关系嵌入对民营企业委托代理成本的影响,拓宽了委托代理问题的研究思路,为公司治理的本土化研究做出了一点增量贡献。其中理论分析和实证研究都得到了有意义的结论。

10.1.1 研究结论

本研究通过将社会学领域的关系嵌入与差序格局理论嵌入委托代理理论,统计分析了民营上市公司大股东与经营者的关系嵌入现状,并通过理论研究和实证研究分析了这种差序格局的关系嵌入现状对股东与经营者之间的股权代理成本、大股东与中小股东之间的大股东代理成本以及股东与债权人之间的债务代理成本的影响,得出了以下结论:

(1)从理论推导来看,大股东与经营者的关系嵌入越强(差序格局越小),经营者倾向于更努力地工作,利他主义行为越强,从而节约了股权代理成本;反之,股权代理成本越高。大股东与经营者的关系嵌入越强(差序格局越小),大股东想侵占中小股东利益,经营者采取配合大股东的概率越大,从而使得大股东代理成本越高;反之,大股东代理成本越低。大股东与经营者的关系嵌入对债务代理成本的影响要依大股东与经营者的关系利益提成比例而定：当经营者的关系利益提成比例高于大股东时，随着二者关系嵌入的增强（差序格局越小），经营者越倾向于与股东合谋，侵占债权人利益，从而债务代理成本越高；当经营者的关系利益提成比例小于大股东时，随着二者关系嵌入的增强（差序格局越小），经营者与股东合谋侵占债权人利益的概率越小，从而债务代理成本越低；当经营者的关系利益提成比例等于大股东时，债务代理成本与关系嵌入强度无关。

（2）经过统计分析发现我国绝大部分民营上市公司实际控制人都担任公司的董事长，一半有余的实际控制人还会兼任总经理，精力不够的情况下会聘用亲人和熟人做总经理来经营管理具体的事务，选择外人担任总经理的比例较低，民营上市公司处于家族化或泛家族化治理状态。实际控制人亲自担任总经理，对企业非常熟悉，也有绝对的控制权，往往带有创始人的个人权威，是企业的精神支柱。他们往往全身心投入，把企业当成家，当成自己的孩子，认为企业属于自己，但随着企业的扩张，个人精力往往有限。亲人总经理管理企业是很多民营企业传承的主要目标，自己的孩子、亲戚等来管理企业放心，在可利用的亲属资源充分的条件下，对于实际控制人来说是最好的选择，省心又省力。在亲属资源不充分的条件下，熟人总经理是一个不错的选择，选自己熟悉的、了解的、放心的人来经营管理企业，使自己从日常的管理中解放出来。熟人相对于外人会更注重关系的维持、面子的维护，有人情的交换，有利他主义精神的支撑。外人总经理不会牺牲个人利益对老板死心塌地，他们注重等价交换，希望获得与劳动相应的报酬和职位权力。外人总经理是职业化的，有较强的经营能力，需要契约化的正式约束。

（3）民营上市公司的数量在最近几年有突飞猛进的增长，这与创业板的设立以及中小板的扩容有关。本人总经理的比例在最近六年内有上升趋势，亲人总经理比例比较稳定，熟人总经理和外人总经理的比例有下降的趋势。这与后期大量上市的民营企业有关，新上市的民营企业大都由创始人即实际控制人亲自担任总经理。华南、华北地区的民营上市公司总经理由实际控制人及其亲人担任的比例比较高，接近50%。西北地区的熟人总经理比例达到60%多。东北、西南及华中地区聘用外人经理的比例比其他地区高。大股东是在当地还是在外地办企业对经营者的选择有很大影响。在实际控制人籍贯所在地注册企业，有丰富的亲人、熟人资源，外人总经理比例低；而在外地注册企业，亲人、熟人资源有限，选择外人做总经理的比例相对就高。从行业分布来看,文化与传媒产业由实际控制人自己担任总经理的比例最高,房地产行业熟人总经理的比例最高。相对于其他行业而言,亲人总经理比例较高的是交通运输、仓储和邮政业,外人总经理比例较高的是交通运输、仓储和邮政业以及批发和零售业。

（4）民营上市公司总经理的男女比例不均衡,男性总经理的比例达到93%。从学历分布来看,EMBA、高中和初中学历大部分分布在本人总经理中;亲人总经理学历的主要级别是初中学历;博士后学历主要分布在熟人总经理中,其中中专及以上学历比例较高;外人总经理学历相对比例最高的是博士、研究生和本科生学历。即,民营企业总经理的学历也按其与实际控制人的关系由亲至疏顺序提高。从年龄分布来看,本人总经理的年纪相对最大,亲人总经理年龄相对较小,熟人和外人总经理年龄居间。

（5）从实证结果来看,实际控制人与总经理关系嵌入的差序格局对股权代理成本有显著的影响,对代理效率的影响不显著,股权代理成本随着差序格局递增,熟人和外人总经理显著地提高了股权代理成本。从关系嵌入的差序格局对大股东代理成本的影响看,大股东代理成本随着实际控制人与总经理关系嵌入的差序格局递减,实际控制人亲自担任经营者对中小股东的利益侵占最直接、最突出。实际控制人选派自己的亲人担任经营者,亲人与实际控制人的利益一致,往往成为实际控制人控制企业的代言人,因而有较高的大股东代理成本。本人的精力有限,亲人的经营资源有限,熟人就成为实际控制人选择经营者的次优选择。选择自己熟悉的、了解的同学、同事、同乡、朋友来控制企业的经营权,通过人情和感情纽带拉拢熟人为自己的利益服务。但这种熟人之间的感情是不稳定的,当这种情感联结不强或变弱的时候,熟人总经理不一定会成为大股东的合谋者以维护大股东的利益,所以熟人总经理的大股东代理成本较低。当经营者为外人时,大股东与总经理没有情感纠葛,合谋的概率小。经营者按照契约行事,能够较好地履行经营者的职责,较多地考虑中小股东的利益,因而大股东代理成本最低。从实际控制人与总经理关系嵌入的差序格局对债务代理成本的影响看,系数并不显著。实证检验发现我国的公司治理结构对三类代理成本的制约作用很有限,公司治理没有发挥有效作用。总之,通过实证检验发现,基于差序格局的关系嵌入对大股东代理成本的作用最明显,说明在讲究关系文化的中国,大股东与中小股东利益的冲突更严重。

（6）本研究给投资者提供了从大股东与经营者关系嵌入强弱的角度来

观察委托代理行为和冲突的视角,投资者可通过关系嵌入来判断投资风险,进而确定应得的投资报酬率。监管层也应该注意大股东与经营者的关系嵌入类型和强度,制定可行的政策来规范关系嵌入的机会主义行为和合谋的不道德行为。

10.1.2 研究启示

从实证分析来看,公司治理结构没能发挥很好的治理作用,其对代理成本的抑制作用有限。关系嵌入的差序格局对民营上市公司代理成本影响的结论给予我们如下一些启发:

(1)建立适应中国国情和差序格局的治理结构。既然关系嵌入了我国的公司治理,对委托代理问题和公司治理产生了影响,我们就应该正视它,建立适合关系治理的机制。具体来说,在董事会结构上,应坚持外部独立董事比例的增加,完善独立董事制度的选派和考核;在决策表决机制上,不仅要实行关联董事回避制度,而且要将关联关系扩大到股东、董事成员、监事成员、管理层上,实施严格的关联回避制度;在信息披露上,要求披露实际控制人更详细的信息,包括与董事会成员、高级管理人员的关系,要求其公布直系亲属的任职状况,与本人及上市公司的关联;在高管的激励机制上,建立其与业绩和市场声誉一致的激励制度,并向社会公开。

(2)建立科学的经营者激励制度。我国民营企业的经营者激励与企业业绩的关系不强,导致激励不当,惩罚不足。选择年薪、奖金、股权等多种形式的激励组合,严格以业绩为核心的报酬机制,而不是关系报酬机制,并对上市公司的高管激励制度进行详细披露,能迫使经理人更多地关注企业的发展,把精力主要放在努力提高显性业绩上,而不是浪费在讨好趋附大股东上。

(3)建设公平竞争的经理人市场。在一个公平竞争的经理人市场中,职业经理人的声誉能准确地反映他们过去履约的绩效和努力程度,对于民营企业大胆聘用有能力的外部经理人提供了制度信任的环境。而在一个不完善的职业经理人市场中,无法准确知晓职业经理人的声誉,造成雇主与职业经理之间的信息壁垒和信任壁垒,用人单位找不着合适的经营者,而有能力的职业经理人难以获得雇主的信任,导致不信任的监督和担保成本增加,增加了代理成本。公平竞争的经理人市场可减少企业的"逆向选择",降低职业经理人的"道德风险",从而降低代理成本。

(4)完善个人信用体系和社会信任制度的建设。我国是一个关系信用的社会,人们在经济行为中的信用依赖于关系嵌入的强度,原因之一是我们缺少制度信用体制。对于陌生人,我们无从了解其个人信用状况,也就不敢去信任。因此,推动国家个人信用体系的建设十分必要。只有完善的个人信用体系建立了,社会信任制度才能建设好,企业才能将人事任免和激励制度建立在制度化信任的基础上,而不是关系来往的基础上。

10.2　研究不足与展望

本研究在揭示关系嵌入、差序格局与委托代理成本之间关系的过程中进行了理论模型与实证分析的研究,得到了一些新颖的结论,为委托代理理论和公司治理理论的本土化研究做出了边际贡献。但由于受制于作者的知识水平以及研究能力,本研究还存在着一些不足之处,主要集中在以下几个方面:

10.2.1 数据获取上的局限性

在对大股东与经营者关系嵌入的研究中,目前还没有相关数据,只能靠手工收集整理,数据搜集上可能存在遗漏,数据整理上可能存在主观偏见。具体而言,主要表现在如下方面:

(1)本研究以实际控制人和总经理分别代表实际控制人和经营者,只考虑了两个人之间的关系,然而在我国企业的实践中,董事长的作用可能同样重要,这在一定程度上会影响研究的准确性。

(2)本研究获取的关系数据是基于国泰安数据库提供的实际控制人和总经理名字,利用新浪财经、百度等搜索的方式获得个人信息,以判断二者之间的关系,这可能存在个人主观主义标准,无法进行推广和复制。

(3)在搜集资料的过程中,发现国泰安数据上下载的资料存在一定的局限性,比如人员的变动、上任时间的不一致等,虽然搜集过程中已一一改正,但仍不能保证信息的完整性和公开信息的真实性。

(4)在关系的界定上,只能以客观存在的血缘、地缘、业缘、学缘关系作为强弱等级的划分,而没有考虑主观的心理关系,这也是本研究数据上的一大缺点,今后可能会考虑结合调查问卷的方式来获取主观数据。

(5)在差序格局的代理变量选取上以定序变量来衡量关系强度,其间距一致,并不能很好地反映关系的强弱程度。

(6)本研究的数据搜集虽然经过了两年的搜集、整理以及数据年限的扩充,其间花费了大量的时间和精力,虽反复校对了数遍,但难免存在信息上的遗漏和错误。

10.2.2 研究内容的局限性

本研究对关系嵌入与委托代理成本进行了系统性探讨,研究侧重点放在关系嵌入的因素上,对于公司治理等其他相关机制的探讨缺乏足够的深度,致使在研究内容上还存在一些不到位的地方,有待后续研究的深入。

(1)对于揭示差序格局的关系嵌入对代理成本的影响的理论研究,提出了基于差序格局的关系嵌入对代理成本的影响机制和理论模型,将关系嵌入强度作为外生变量考察其对委托代理效用函数的影响,没能从具体的关系嵌入形式来考察其对代理成本的影响。后期的研究可以考虑实验方法,对模型进行设置和求解。

(2)本研究只讨论了实际控制人与总经理之间的静态客观关系,而没有考虑二者或者与其他相关行为人的互动关系和反复博弈,研究设计略显粗糙。如果能将二人的关系拓宽到关系网络,研究网络中行为人的互动行为对委托代理问题以及公司治理的影响,将更有意义。在后期的研究中可以进行深入和细化的研究。

(3)在实证分析上,主要考察差序格局的关系嵌入对三类代理成本的影响,今后还可以结合实际控制人和总经理的个人特征来考察关系嵌入对代理成本的作用。

这些内容都留待后期继续探索和研究。

从社会关系的角度来研究公司治理问题是一个比较新颖的视角,后期研究要多从实证分析的角度进行研究。数据的获取要偏重软件和计算机,可以利用爬虫软件等社会网络分析工具,减少人工搜集的主观性影响。在研究内容上,可以从个人关系拓宽到关系网络,从内部高层关系拓宽到外部各利益相关者的关系网络;也可以深度挖掘关系嵌入与委托代理行为的博弈模型,将理论深度进行推进。在研究方法上可以借助实验经济学的方法,研究关系嵌入对行为人决策的影响;也可以采用问卷调查的方法,对行为人主观的关系嵌入程度、价值观和行为模式进行更真实的调查,多角度来研究公司治理的社会化和本土化。

参考文献

[1]ALMEIDA H V,WOLFENZON D.A theory of pyramidal owner-ship and family business groups[J].The journal of finance,2006,61(6): 2637-2680.

[2]ANDERSON U,FORSGREN M,HOLM U.The strategic impact of external networks:subsidiary performance and competence development in the multinational corporation[J].Strategic management journal,2002, 23(11):979-996.

[3]ANDERSON,MANSI,REEB.Board characteristics,accounting re-port integrity,and the cost of debt[EB/OL].http://papers.ssrn.com.

[4]ANDERSON,SATTAR,REEB.Founding family ownership and the agency cost of debt[EB/OL].http://papers.ssrn.com.

[5]ANDREI S,ROBERT V.A survey of corporate governance[J]. Journal of finance,1997,52:737-787

[6]ANDRES C,VAN DEN BONGARD I,LEHMANN M,Is busy re-ally busy? board governance revisited[J].Journal of business finance & accounting,40:1221-1246.doi:10.1111/jbfa.12051.

[7]ANTONIO RUIZ-PORRAS,CELINA LOPEZ-MATEO.Corporate governance,market competition and investment decisions in mexican man-ufacturing[R].Working Paper,2009.

[8]BAKER B.All economies are "embedded":the career of a concept, and beyond[J].Social research,1995,62(2):387-413.

[9]BAKER G P,JENSEN M C,MURPHY K J.Compensation and in-centives:practice vs. theory[J].Journal of finance,1988,43(3):593-616

[10]BAMEA A,HAUGEN R S,SENBET L W.Market imperfections, agency problems and capital structure:a review[J].Financial management,

1981,10:7-22.

　　[11]BARNES B R,YEN D,ZHOU L.Investigating"guanxi" dimensions and relationship outcomes:insights from Sino-Anglo business relationships[J].Industrial marketing management,2011,40(4):510-521.

　　[12]BEBCHUK L A,ROE M J.A theory of path dependence in corporate ownership and governance[J].Stanford law review,1999:127-170.

　　[13]BEBCHUK L,COHEN A,FERRELL A.What matters in corporate governance? [J]. The review of financial studies, 2009, 22 (2): 783-827.

　　[14]BERLE A A,MEANS G.The modern corporation and private property[M].New York:Macmillan,1932.

　　[15]BECKER G.A theory of social interaction[J].Journal of political economy,1974,82(6):1063-1093

　　[16]BLACKWELL D W,NOLAND T R,WINTERS D B.The value of auditor assurance:evidence from loan pricing[J].Journal of accounting research,1998:57-70.

　　[17] BOISOT M, CHILD J. From fiefs to clans and network capitalism:explaining China's emerging economic order[J].Administrative science quarterly,1996:600-628.

　　[18]BOTTOM W P,HOLLOWAY J,MILLER G J,et al.Building a pathway to cooperation:negotiation and social exchange between principal and agent[J].Administrative science quarterly,2006,51(1):29.

　　[19]BOUBAKRI N,COSSET J C,SAFFAR W.Political connections of newly privatized firms[J].Journal of corporate finance,2008,14(5): 654-673.

　　[20]BRAENDLE U C,GASSER T,NOLL J.Corporate governance in China:is economic growth potential hindered by guanxi? [J].Business and society review,2005,110(4):389-405.

　　[21]BROCKMAN P, UNLU E.Dividend policy,creditor rights,and the agency costs of debt[J].Journal of financial economics,2009,92(2): 276-299.

　　[22]BROUSSARD J P,BUCHENROTH S A,PILOTTE E A.CEO

incentives,cash flow,and investment[J]. Financial Management,2004:
51-70.

[23]BRUYNSEELS L,CARDINAELS E.The audit committee:management watchdog or personal friend of the CEO? [J].The accounting review,2013,89(1):113-145.

[24]BURT R S.Models of network structure[J].Annual review of sociology,1980:79-141.

[25]BURT R S.Structural holes:the social structure of competition[M].Cambridge,MA:Harvard University Press,1992.

[26]CAI Y,SEVILIR M.Board connections and M&A transactions[J].Journal of financial economics,2012,103(2):327-349.

[27]CHANG K.The companies we keep:effects of relational embeddedness on organizational performance[C]. Blackwell Publishing Ltd.,2011,26(3):527-555.

[28]CHEN D H,JOSEPH P H F,WONG T J.Do politicians jeopardize professionalism? Decentralization and the structure of chinese corporate boards[I].HKUST Working Paper,2002.

[29]CHIKH S,FILBIEN J Y.Acquisitions and CEO power:evidence from French networks[J]. Journal of corporate finance, 2011, 17: 1221-1236.

[30]CHRISMAN J J,CHUA J H,LITZ R A.Comparing the agency costs of family and non-family firms:conceptual issues and exploratory evidence[J].Entrepreneurship theory and practice,2004,28(4):335-354.

[31]CHUNG C N,LUO X R.Leadership succession and firm performance in an emerging economy:successor origin,relational embeddedness,and legitimacy[J]. Strategic management journal, 2013, 34 (3): 338-357.

[32] CHUNG S, SINGH H, LEE K. Complementarity,status similarity and social capital as drivers of alliance formation[J].Strategic management journal,2000,21(1):1-22.

[33]COHEN L,FRAZZINI A,MALLOY C.The small world of investing and board connections and mutual fund returns[J].Journal of po-

litical economy,2008,116(5):951-979.

[34]DEPKEN C A,NGUYEN G X,SARKAR S K. Agency costs,executive compensation, bonding and monitoring: a stochastic frontier approach[D]. Texas:University of Texas at Arlington,2006.

[35]DRAGO C,MILLO F,RICCIUTI R,et al.Corporate governance reforms,interlocking directorship networks and economic performance in Italy(1998-2007).mimeo CESifo.

[36]DUNFEE T W,WARREN D E.Is guanxi ethical? A normative analysis of doing business in China[J].Journal of business ethics,2001,32 (3):191-204.

[37]DUNN K A,MAYHEW B W.Auditor firm industry specialization and client disclosure quality[J].Review of accounting studies,2004,9(1): 35-58.

[38]DYCK A,ZINGALES L.Private benefits of control: an international comparison[J].The journal of finance,2004,59(2):537-600.

[39]DYER J H,SINGH H.The relational view:cooperative strategy and sources of inter-organizational competitive advantage[J].Academy of management review,1998,23(4):660-679.

[40] FACCIO M. Politically connected firms [J]. The American economic review,2006:369-386.

[41]MAR F,LANG L,LESLIE Y.Dividends and expropriation.American economic review,2001,91(1):54-78.

[42]FIRTH M,FUNG M,RUI O. Ownership governance mechanisms,and agency costs in China's listed firms[J]. Journal of asset management,2008,9:90-110

[43]FIRTH M,LIN C,WONG S M L.Leverage and investment under a state-owned bank lending environment:evidence from China[J]. Journal of corporate finance,2008,14(5):642-653.

[44]FRACASSI C,TATE M.External networking and internal firm governance[J].Journal of finance,2012,67(1):153-194.

[45]FRANCIS B B,HASAN I,SUN X.Political connections and the process of going public:evidence from China[J].Journal of international

money and finance,2009,28(4):696-719.

[46]REDDING G.Weak organization and strong linkage:managerial ideology and chinese family business networks[M]//G. Hamiltion (ed.). Business networks and economic development in Eastland and Southeast Asia.Central Asian Studies University.

[47]GELETKANYCZ M A,BOYD B K.CEO outside directorships and firm performance:a reconciliation of agency and embeddedness views[J]. Academy of management journal,2011,54(2):335-352.

[48] GILSING V A, DUYSTERS G M. Understanding novelty creation in exploration networks:structural and relational embeddedness jointly considered[J].Technovation,2008,28(10):693-708.

[49]GOLDMAN E,ROCHOLL J,SO J.Political connections and the allocation of procurement contracts[J].Unpublished paper,2008.

[50] GRABHER G. The weakness of strong ties: the lock-in of regional development in the Ruhr area[M]//GRABHER G.The embedded firms:on social economics of industrial networks.London:Routledge,1993.

[51]GRANOVETTER M.Economic action and social structure:the problem of embeddedness [J]. American journal of sociology, 1985: 481-510.

[52] GRANOVETTER, MARK. The strength of weak ties [J]. American journal of sociology,1973,78(6):1360-1380.

[53]GROSSMAN S J,HART O D.Corporate financial structure and managerial incentives [M]//The economics of information and uncertainty.University of Chicago Press,1982:107-140.

[54]GU F F,HUNG K,TSE D K.When does guanxi matter? Issues of capitalization and its dark sides[J].Journal of marketing,2008,72(4): 12-28.

[55]GU Z Y,LI Z Q,LI G G,et al.Friends with helpful opinions:the effect of social ties with mutual fund managers on analysts' recommendation bias[Z],2012.

[56] GUEDJ I, BARNEA A,Director networks[Z]. Available at SSRN:http://ssrn.com/abstract=966555.

[57]GULATI R,SYTCH M.Dependence asymmetry and joint dependence in interorganizational relationships:effects of embeddedness on a manufacturer's performance in procurement relationships [J]. Administrative science quarterly,2007,52(1):32-69.

[58]HAGEDOORN J.Understanding the cross-level embeddedness of inter-firm partnership formation[J]. Academy of management review, 2006,31(3):670-680.

[59]HARRIS M,RAVIV A.A theory of board control and size[J]. The review of financial studies,2008,21(4):1797-1832.

[60]HOITASH U.Should independent board members with social ties to management disqualify themselves from serving on the board? [J]. Journal of business ethics,2011(99):399-423.

[61]JEN B.Product market competition and agency costs[J]. The journal of industrial economics,2007(2).

[62]JENSEN M C.Agency costs of free cash flow,corporate finance and takeovers[J]. American economic review,1986,76:323-330.

[63]JOHNSON S,LA PORTA R,LOPEZ-DE-SILANES F,et al. Tunneling[J].American economic review,2000,90:22—27.

[64]KHANNA M,ANTON W R Q.Corporate environmental management: regulatory and market-based incentives [J]. Land economics, 2002,78(4):539-558.

[65]LOPEZ DE S F,LA PORTA R,SHLEIFER A,et al.Law and finance[J].Journal of political economy,1998,106:1113-1155.

[66]LA PORTA R,LOPEZ-DE-SILANES F,et al.Investor protection and corporate governance[J].Journal of finance,economics,2000,58(1/2): 3-27.

[67]LA PORTA R,LOPEZ-DE-SILANES F,SHLEIFER A.Corporate ownership around the world[J].Journal of finance,1999(54),471-517.

[68]LARCKER D F.Boardroom centrality and stock returns[Z].2011.

[69]LIU Y.The role of networks in the CEO and Director labor market[Z].2010.

[70]LATHAM G,GORDON R.Beware of different guanxi measure-

ments when doing research in China[J].Australian and New Zealand management,2009:1-16.

[71]LEE E Y,ANDERSON A R.The role of guanxi in Chinese entrepreneurship[J].Journal of Asia entrepreneurship and sustainability,2007,3(3).

[72]LEUNG T K P,CHAN R Y K,LAI K,et al.An examination of the influence of "guanxi" "xinyong"(utilization of personal trust)on negotiation outcome in China:an old friend approach[J].Industrial marketing management,2011,40(7):1193-1205.

[73] LIESBETH B, EDDY C. The audit committee: management watchdog or personal friend of the CEO? [J]. The accounting review, 2014, 89:1,113-145.

[74] LIN H M.Interorganizational collaboration,social embeddedness, and value creation:a theoretical analysis[J].International journal of management,2006,23(3).

[75]LOPEZ DE S F,VISHNY R,SHLEIFER A.Agency problems and dividend policies around the world[J].Journal of finance,2000,60(1):1-33.

[76]LUK C L,YAU O H M,SIN L Y M,et al.The effects of social capital and organizational innovativeness in different institutional contexts[J].Journal of international business studies,2008,39(4):589-612.

[77]MANSI S A,MAXWELL W F,MILLER D P.Does auditor quality and tenure matter to investors? Evidence from the bond market[J].Journal of accounting research,2004,42(4):755-793.

[78]MANSO G.Investment reversibility and agency cost of debt[J].Econometrics,2008,76(2):437-442.

[79]MCEVILY B,MARCUS A.Embedded ties and the acquisition of competitive capabilities[J].Strategic management journal,2005,26(11):1033-1055.

[80]MEULEMAN M,LOCKETT A,MANIGART S,et al.Partner selection decisions in interfirm collaborations:the paradox of relational embeddedness[J].Journal of management studies,2010,47(6):995-1019.

[81] MEULEMAN M, AMESS K, WRIGHT M, et al. Agency, strategic entrepreneurship, and the performance of private equity-backed buyouts[J]. Entrepreneurship theory and practice, 2009, 33(1): 213-239.

[82] MICHAILOVA S, WORM V. Personal networking in Russia and China: blat and guanxi[J]. European management journal, 2003, 21(4): 509-519.

[83] MIKE W P, LUO Y D. Managerial ties and firm performance in a transition economy: the nature of a micro-macro link[J]. Academy of management journal, 2000(43): 486-501.

[84] MILLER D, LE BRETON-MILLER I. Family governance and firm performance: agency, stewardship, and capabilities [J]. Family business review, 2006, 19(1): 73-87.

[85] MORAN P. Structural vs. relational embeddedness: social capital and managerial performance[J]. Strategic management journal, 2005, 26(12): 1129-1151.

[86] MORCK R, SHLEIFER A, VISHNY R W. Management ownership and market valuation: an empirical analysis[J]. Journal of financial economics, 1988, 20: 293-315.

[87] NGUYEN B D. Ownership structure and board characteristics as determinants of CEO turnover in French-listed companies[J]. Finance, 2012, 32(2): 53-89.

[88] OECD. Innovative clusters: drivers of national innovation system [M]. Paris: OECD Publishing, 2001.

[89] PARK S H, LUO Y. Guanxi and organizational dynamics: organizational networking in Chinese firms[J]. Strategic management journal, 2001, 22(5): 455-477.

[90] PENG-CHIA C, SIEW H T, FENG T. Board interlocks and earnings management contagion [J]. The accounting review, 2013, 88(3): 915-944.

[91] PIOT. Agency costs and audit quality: evidence from France[J]. The European accounting review, 2001, 10(3): 461-499.

[92] POLANYI K. The great transformation: the political and

economic origins of our time[M].Boston,MA:Beacon Press,1944:21-55.

[93]RACHEL G. Product market competition,efficiency and agency costs:an empirical analysis[R].IFS Working Papers,2006.

[94]RAJAN R G,ZINGALES L.Which capitalism? Lessons from the east Asian crisis[J].Journal of applied corporate finance,1998,11(3):40-48.

[95]ROWLEY T,BEHRENS D,KRACKHARDT D.Redundant governance structures:an analysis of structural and relational embeddedness in the steel and semiconductor industries[J].Strategic management journal,2000,21(3):369-386.

[96]RYAN H E,WIGGINS Ⅲ R A.Who is in whose pocket? Director compensation,board independence,and barriers to effective monitoring[J].Journal of financial economics,2004,73(3):497-524.

[97]SANTOS R L,DA SILVEIRA A M,BARROS L.Board interlocking in Brazil:directors participation in multiple companies and its effect on firm value[J].2009,Available at SSRN 1018796.

[98]SHLEIFER A,WOLFENZON D.Investor protection and equity markets[J].Journal of financial economics,2002,66(1):3-27.

[99]SHOU Z,GUO R,ZHANG Q,et al.The many faces of trust and guanxi behavior:evidence from marketing channels in China[J].Industrial marketing management,2011.

[100] STANDIFIRD S S. Using guanxi to establish corporate reputation in China[J].Corporate reputation review,2006,9(3):171-178.

[101]TAORMINA R J,GAO J H.A research model for guanxi behavior:antecedents,measures,and outcomes of Chinese social networking[J].Social science research,2010,39(6):1195-1212.

[102] TEECE D,PISANO G,SHUEN A.Dynamic capabilities and strategic management[J].Strategic management journal,1997,18(7):509-533.

[103]TSUI A,FARH J.Where guanxi matters[EB/OL].Work & Occupations[serial online].1997,24(1):56-79.

[104]UZZI B.Embeddedness in the making of financial capital:how

social relations and networks benefit firms seeking financing[J].American sociological review,1999:481-505.

[105]UZZI B.Social structure and competition in inter-firm networks:the paradox of embeddedness[J].Administrative science quarterly,1997,42(1):35-67.

[106]UZZI B.The source and consequences of embeddedness for the economic performance of organizations:the network effect[J].American sociological review,1996,61(4):674-698.

[107]WELLMAN B.Structural analysis:from method and metaphor to theory and substance[C]//WELLMAN B,BERKOWITZ S.Social structures:a network approach.Cambridge:Cambridge University Press,1988:19-61.

[108]WHITEMANG,COOPER W H.Ecological embeddedness[J].Academy of management journal,2000,43(6):1265-1282.

[109]YEN D A,BARNES B R,WANG C L.The measurement of guanxi:introducing the GRX scale[J].Industrial marketing management,2011,40(1):97-108.

[110]YEUNG I Y M,TUNG R L.Achieving business success in Confucian societies:the importance of "guanxi"(connections)[J].Organizational dynamics,1996,25(2):54-65.

[111]YU F.Accounting transparency and the term structure of credit spreads[J].Journal of financial economics,2005,75(1):53-84.

[112]ZAHEER A,MCEVILY B.Bridging ties:a source of firm heterogeneity in competitive capabilities[J].Strategic management journal,1999,20(12):1133.

[113]ZUKIN S,DIMAGGIO P.Structures of capital:the social organization of economy [M].Cambridge,MA:Cambridge University Press,1990.

[114]安娜·格兰多里.企业网络:组织和产业竞争力[M].北京:中国人民大学出版社,2005.

[115]薄宇飞.代理成本与盈余管理关系问题研究[D].杭州:浙江大学,2012.

[116]宝贡敏,史江涛.中国文化背景下的"关系"研究述评[J].心理科学,2008,31(4):1018-1020.

[117]宝贡敏,赵卓嘉.中国文化背景下的"关系"与组织管理[J].重庆大学学报(社会科学版),2008,14(2):46-52.

[118]边燕杰,张磊.论关系文化与关系社会资本[J].人文杂志,2013(01):107-113.

[119]曹廷求,田金秀.产品市场竞争、公司治理与公司价值[J].山西财经大学学报,2012(1):94-101.

[120]曹裕.产品市场竞争、控股股东倾向和公司现金股利政策[J].中国管理科学,2014(03):141-148.

[121]曾庆生,陈信元.何种内部治理机制影响了公司权益代理成本——大股东与董事会治理效率的比较[J].财经研究,2006(2):106-117.

[122]曾颖,叶康涛.股权结构代理成本与外部审计需求[J].会计研究,2005(10):63-70.

[123]陈冬华,梁上坤.在职消费、股权制衡及其经济后果:来自中国上市公司的经验证据[J].上海立信会计学院学报,2010(1):19-27.

[124]陈红,王磊.产品市场竞争对公司代理成本和代理效率的影响[J].当代经济研究,2014(04):37-43.

[125]陈红,杨凌霄.金字塔股权结构与终极股东利益侵占行为:来自中国上市公司控制权转移的证据[J].上海金融,2012(2):22-29.

[126]陈家田,唐德善.家族企业双重委托代理与 CEO 薪酬激励[J].学术界,2013(11):97-100.

[127]陈建林.家族企业治理模式的相机选择研究[J].经济经纬,2009(6):99-102.

[128]陈建林.利他主义、代理成本与家族企业成长[J].管理评论,2011(09):50-57.

[129]陈建林.我国上市家族企业的代理成本及其治理研究[D].广州:暨南大学,2009.

[130]陈克兢.媒体关注、政治关联与上市公司盈余管理[J].山西财经大学学报,2016,38(11):81-91.

[131]陈凌,陈华丽.家族企业主的政治联系、制度环境与慈善捐赠:基于全国私营企业调查的实证研究[J].华东经济管理,2014(01):1-6.

[132]陈仕华,李维安.公司治理的社会嵌入性:理论框架及嵌入机制[J].中国工业经济,2011(6):99-108.

[133]陈仕华,郑文全.公司治理理论的最新进展:一个新的分析框架[J].管理世界,2010(2):156-166.

[134]陈仕华.公司治理的社会嵌入性:来自连锁董事的启示[J].经济管理,2009(4):50-56.

[135]陈叶烽,叶航,汪丁丁.信任水平的测度及其对合作的影响:来自一组实验微观数据的证据[J].管理世界,2010(4):54-64.

[136]陈勇,胡步芬.中西文化背景下的"关系"研究[J].沈阳大学学报(自然科学版),2011,23(5):56-58.

[137]陈运森.独立董事的网络特征与公司代理成本[J].经济管理,2012(10):67-76.

[138]程柯,孙慧.产权性质、管理层持股与代理效率:基于随机前沿模型的度量与分析[J].山西财经大学学报,2012(10):97-105.

[139]储小平,李怀祖.信任与家族企业的成长[J].管理世界,2003(6):98-104.

[140]储小平,谢俊.威权领导对经理人反馈寻求行为的影响机制:来自本土家族企业的经验证据[J].中山大学学报(社会科学版),2012(04):200-208.

[141]崔文娟,梁秀芬,李晓楠.民营上市公司股权结构与大股东掏空行为研究[J].中国管理信息化,2012(12):19-22.

[142]戴亦一,肖金利,潘越."乡音"能否降低公司代理成本?:基于方言视角的研究[J].经济研究,2016,51(12):147-160,186.

[143]邓新明,熊会兵,李剑峰等.政治关联、国际化战略与企业价值:来自中国民营上市公司面板数据的分析[J].南开管理评论,2014(01):26-43.

[144]董维维,庄贵军.关系治理的本质解析及在相关研究中的应用[J].软科学,2012,26(9):133-137.

[145]杜晓晗,张中瑞.公司成长能力、股权制衡与控股股东的控制权私利[J].科学决策,2012(1):55-64.

[146]杜兴强,郭剑花,雷宇.政治联系方式与民营上市公司业绩:"政府干预"抑或"关系"?[J].金融研究,2009(11):158-173.

[147]杜兴强.自愿审计、公司治理与代理成本[J].江西财经大学学报,

2014(03):29-48.

[148]费孝通,刘豪兴.乡土中国[M].上海:生活·读书·新知三联书店,1985.

[149]冯旭南,李心愉,陈工孟.政治成本、代理成本与公司价值[J].产业经济评论,2013(04):97-118.

[150]高闯,郭斌.创始股东控制权威与经理人职业操守:基于社会资本的"国美电器控制权争夺"研究[J].中国工业经济,2012(07):122-133.

[151]高明华,谭玥宁.董事会治理、产权性质与代理成本:基于中国上市公司的实证研究[J].经济与管理研究,2014(02):5-13.

[152]古志辉.全球化情境中的儒家伦理与代理成本[J].管理世界,2015(03):113-123.

[153]郭超.子承父业还是开拓新机:二代接班者价值观偏离与家族企业转型创业[J].中山大学学报(社会科学版),2013(02):189-198.

[154]郭劲光.嵌入差异与嵌入绩效:一个关于网络嵌入性的分析[R].辽宁:东北财经大学公共管理学院,2007.

[155]韩义民,黄玉启.监督、忠诚和代理人的选择:从道德风险角度理解家族企业[J].浙江社会科学,2004(5):88-96.

[156]郝臣,宫永建,孙凌霞.公司治理要素对代理成本影响的实证研究:来自我国上市公司的证据(2000—2007)[J].软科学,2009(10):123-127.

[157]贺小刚,李婧,陈蕾.家族成员组合与公司治理效率:基于家族上市公司的实证研究[J].南开管理评论,2010,13(6):149-160.

[158]贺小刚,李新春,连燕玲.家族成员的权力集中度与企业绩效:对家族上市公司的研究[J].管理科学学报,2011(5):86-96.

[159]贺小刚,李新春,连燕玲,等.家族内部的权力偏离及其对治理效率的影响:对家族上市公司的研究[J].中国工业经济,2010(10):96-106.

[160]贺小刚,李新春.企业家能力与企业成长:基于中国经验的实证研究[J].经济研究,2005(10):101-111.

[161]贺小刚,连燕玲,李婧,等.家族控制中的亲缘效应分析与检验[J].中国工业经济,2010(1):135-146.

[162]贺小刚,连燕玲,余冬兰.家族和谐与企业可持续成长:基于家族权力配置的视角[J].经济管理,2010(1):50-60.

[163]洪金明,徐玉德,李亚茹.信息披露质量、控股股东资金占用与审

计师选择:来自深市 A 股上市公司的经验证据[J].审计研究,2011(2):107-112.

[164]胡军,朱文胜,庞道满.劳动契约、交易费用与关系治理:华人家族企业内部治理行为分析[J].暨南学报(哲学社会科学版),2002,(3):14-19.

[165]黄福广,李广,李西文.高管薪酬、行政级别与代理成本[J].科学学与科学技术管理,2011(2):171-180.

[166]黄嘉欣,汪林,储小平.民营企业的政治联系与民营企业成长[J].学术研究,2010(12):86-90.

[167]姜付秀,黄磊,张敏.产品市场竞争、公司治理与代理成本[J].世界经济,2009(10):46-59.

[168]蒋神州.关系差序偏好、董事会羊群行为与掏空[J].南方经济,2011(9):3-16.

[169]蒋天颖,孙伟.关系嵌入强度、知识吸收能力与集群企业技术创新扩散[J].情报杂志,2012(10):20.

[170]介迎疆,扈文秀,周茹,等.股权激励条件设置对代理成本影响的实证研究[J].西安工业大学学报,2014(01):64-71.

[171]李东升,刘迅.制度环境、信任治理与家族企业经营者选择[J].中央财经大学学报,2010(8):75-79.

[172]李海燕,厉夫宁.独立审计对债权人的保护作用:来自债务代理成本的证据[J].审计研究,2008(3):81-93.

[173]李健,陈传明.企业家政治关联、所有制与企业债务期限结构:基于转型经济制度背景的实证研究[J].金融研究,2013(03):157-169.

[174]李婧,贺小刚,茆键.亲缘关系、创新能力与企业绩效[J].南开管理评论,2010(3):117-124.

[175]李莉.股改前后关联交易影响因素研究:基于公司治理的视角[J].科技与管理,2012,14(1):87-91.

[176]李敏,李良智.关系治理研究述评[J].当代财经,2012(12):86-91.

[177]李明辉.股权结构、公司治理对股权代理成本的影响:基于中国上市公司 2001—2006 年数据的研究[J].金融研究,2009(2):149-168.

[178]李全中.家族企业转型期的公司治理结构思考:基于国美的案例分析[J].商业会计,2012(07):27-29.

[179]李诗田,邱伟年.政治关联、制度环境与企业研发支出[J].科研管

理,2015,36(04):56-64.

[180]李时敏,张华国.企业信任的嵌入路径及演化过程[J].东北财经大学学报,2013(01):11-15.

[181]李寿喜.产权、代理成本和代理效率[J].经济研究,2007(1):102-113.

[182]李维安,钱先航.终极控制人的两权分离、所有制与经理层治理[J].金融研究,2010(12):80-98.

[183]李维安,邱艾超,牛建波,等.公司治理研究的新进展:国际趋势与中国模式[J].南开管理评论,2010(6):13-24.

[184]李维安,徐建.董事会独立性、总经理继任与战略变化幅度:独立董事有效性的实证研究[J].南开管理评论,2014(01):4-13.

[185]李维安,徐业坤.政治关联形式、制度环境与民营企业生产率[J].管理科学,2012(02):1-12.

[186]李维安,邱艾超.民营企业治理转型、政治关联与公司业绩[J].管理学报,2010,(4).

[187]李维安,王鹏程,徐业坤.慈善捐赠、政治关联与债务融资:民营企业与政府的资源交换行为[J].南开管理评论,2015,18(01):4-14.

[188]李维安,徐建.董事会独立性、总经理继任与战略变化幅度:独立董事有效性的实证研究[J].南开管理评论,2014(01):4-13.

[189]李维安.中国公司治理指数十年:瓶颈在于治理的有效性[J].南开管理评论,2012(06):1.

[190]李伟民,梁玉成.特殊信任与普遍信任:中国人信任的结构与特征[J].社会学研究,2002(3).

[191]李希萌,常玉.中西方关系网络比较及对跨国企业的启示[J].价值工程,2012,31(7):3-5.

[192]李小荣,张瑞君.股权激励影响风险承担:代理成本还是风险规避?[J].会计研究,2014(1):57-63.

[193]李新春,陈灿.家族企业的关系治理:一个探索性研究[J].中山大学学报(社会科学版),2005,45(6):107-115.

[194]李新春,梁强,宋丽红.外部关系—内部能力平衡与新创企业成长:基于创业者行为视角的实证研究[J].中国工业经济,2010(12):97-107.

[195]李新春,刘莉.嵌入性—市场性关系网络与家族企业创业成长

[J].中山大学学报(社会科学版),2009(3):190-202.

[196]李新春,宋丽红.传承意愿、行业潜能与家族控制:基于全国私营企业调查的实证检验[J].吉林大学社会科学学报,2013(01):111-123.

[197]李新春,王珺,丘海雄,等.企业家精神、企业家能力与企业成长:"企业家理论与企业成长国际研讨会"综述[J].经济研究,2002(1):89-92.

[198]李新春.家族企业的成长困境与持续创业[J].学术研究,2010(12):65-68.

[199]李新春.经理人市场失灵与家族企业治理[J].管理世界,2003(04):87-95.

[200]李新春.信任、忠诚与家族主义困境[J].管理世界,2002(6):87-93.

[201]李增泉,孙铮,王志伟."掏空"与所有权安排[J].会计研究,2004,12:3-13.

[202]连燕玲,张远飞,贺小刚,等.亲缘关系与家族控制权的配置机制及效率:基于制度环境的解释[J].财经研究,2012(04):91-101.

[203]梁红玉,姚益龙,宁吉安.媒体监督、公司治理与代理成本[J].财经研究,2012(07):90-100.

[204]梁立新.资源分配中的差序格局探析:雇主的雇佣关系治理策略[J].企业经济,2012(12):48-51.

[205]廖义刚,王艳艳.大股东控制、政治关联与审计独立性[J].经济评论,2008(5).

[206]刘凤翔.代理成本理论国外文献综述[J].中国管理信息化,2012(10):100-101.

[207]刘和林,熊力游.对"关系"一词英译的探讨[J].中国翻译,2013(06):98-101.

[208]刘孟晖,高友才.现金股利的异常派现、代理成本与公司价值:来自中国上市公司的经验证据[J].南开管理评论,2015,18(01):152-160.

[209]刘胜强,林志军,孙芳城,等.融资约束、代理成本对企业投资的影响:基于我国上市公司的经验证据[J].会计研究,2015(11):62-68,97.

[210]刘晓霞,饶育蕾.代理能力与代理成本:一个关系嵌入的视角[J].财经问题研究,2013a(1):17-23.

[211]刘晓霞,饶育蕾,周蓉蓉."关系"对民营上市公司代理成本与代理

效率的影响[J].系统工程,2013b(11):40-47.

[212]刘星,宋小保.控股股东代理对负债代理成本的影响:基于实物期权的分析[J].系统工程理论与实践,2007(9):61-68.

[213]刘雪峰.网络嵌入性与差异化战略及企业绩效关系研究[D].杭州:浙江大学,2007.

[214]卢闯,陈玲.盈余质量与债务代理成本:兼论会计信息的公司治理作用[J].中央财经大学学报,2011(9):87-91.

[215]卢铿.一方水土一方人[J].商周刊,2010(13):106.

[216]罗家德,郑孟育.派系对组织内一般信任的负面影响[J].管理学家(学术版),2009(3):3-13.

[217]罗家德.关系与圈子:中国人工作场域中的圈子现象[J].管理学报,2012,9(2):165-171.

[218]罗家德.中国管理本质:一个社会网的观点[J].南京理工大学学报(社会科学版),2011(1):31-40.

[219]罗家德.中国管理优势源于关系[J].商界(评论),2010(9):97.

[220]罗进辉,黄震,李莉.明星独董也是"花瓶"吗:基于双重代理成本的视角[J].山西财经大学学报,2014(01):76-90.

[221]罗明琦.企业产权、代理成本与企业投资效率:基于中国上市公司的经验证据[J].中国软科学,2014(07):172-184.

[222]罗琦,胡志强.控股股东道德风险与公司现金策略[J].经济研究,2011(2):125-137.

[223]罗炜,朱春艳.代理成本与公司自愿性披露[J].经济研究,2010(10):143-155.

[224]吕景胜,邓汉.全流通条件下上市公司股权治理结构对代理成本的影响研究:基于2009年中小板制造类上市公司的经验数据分析[J].中国软科学,2010(11):136-143.

[225]吕长江,周县华.公司治理结构与股利分配动机:基于代理成本和利益侵占的分析[J].南开管理评论,2005(03):9-17.

[226]毛洪安,李晶晶.代理成本、股权结构与公司债务期限结构[J].中南财经政法大学学报,2010(5):104-109.

[227]梅丹.第二类委托代理问题、大股东勤勉度与大股东激励:基于掏空行为的视角[J].现代管理科学,2013(04):100-102.

[228]梅琳,贺小刚,李婧.创始人渐进退出还是激进退出?:对创业家族企业的实证分析[J].经济管理,2012(01):60-70.

[229]倪得兵,戴春爱,唐小我.外生的隐性"关系"与显性激励[J].管理工程学报,2011,25(3):139-147.

[230]彭桃英,汲德雅.媒体监督、内部控制质量与管理层代理成本[J].财经理论与实践,2014(02):61-65.

[231]彭正银.企业网络治理:从关系嵌入到价值创造[J].现代财经(天津财经大学学报),2011(10):2.

[232]丘海雄,于永慧.嵌入性与根植性:产业集群研究中两个概念的辨析[J].广东社会科学,2007(1):175-181.

[233]权小锋,吴世农,文芳.管理层权力、私有收益与薪酬操纵[J].经济研究,2010(11):73-87.

[234]饶育蕾,王颖,王建新.CEO职业生涯关注与短视投资关系的实证研究[J].管理科学,2012,25(5):30-40.

[235]邵毅平,虞凤凤.内部资本市场、关联交易与公司价值研究:基于我国上市公司的实证分析[J].中国工业经济,2012(4):102-114.

[236]沈艺峰,况学文,聂亚娟.终极控股股东超额控制与现金持有量价值的实证研究[J].南开管理评论,2008(1):15-23.

[237]石水平.控制权转移、超控制权与大股东利益侵占:来自上市公司高管变更的经验证据[J].金融研究,2010(04):160-176.

[238]宋小保,刘星.大股东侵占与外部监督的进化博弈分析[J].系统工程学报,2009(05):589-595.

[239]宋小保.大股东信息披露操纵的动机研究[J].汕头大学学报(人文社会科学版),2009(03):60-64.

[240]宋增基,韩树英,张宗益.公司高层更换中董事长与总经理重要性差异研究:来自中国上市公司的经验数据[J].软科学,2010,24(3):82-86.

[241]苏治,连玉君.中国上市公司代理成本的估算:基于异质性随机前沿模型的经验分析[J].管理世界,2011(6):174-175.

[242]孙晓娥,边燕杰.留美科学家的国内参与及其社会网络强弱关系假设的再探讨[J].社会,2011(2):194-215.

[243]孙晓琳.终极控股股东对上市公司投资行为影响的研究[D].大连:东北财经大学,2010.

[244]唐松,孙铮.政治关联、高管薪酬与企业未来经营绩效[J].管理世界,2014(05):93-105,187-188.

[245]唐炎钊,王容宽.Guanxi 与创业企业成长:国外研究述评[J].商业研究,2013

[246]田侃,李泽广,陈宇峰."次优"债务契约的治理绩效研究[J].经济研究,2010(8):90-102.

[247]田银华,周志强,廖和平.动态三环模式与家族企业产权契约治理研究[J].商业经济与管理,2012(07):40-48.

[248]万伟,曾勇,李强.代理成本、控股权性质与跨部门补贴[J].管理科学,2014(02):60-73.

[249]汪林,储小平,黄嘉欣,等.与高层领导的关系对经理人"谏言"的影响机制:来自本土家族企业的经验证据[J].管理世界,2010(5):108-117.

[250]王炯.全球制造网络中网络嵌入性对企业绩效的影响研究[D].杭州:浙江大学,2005.

[251]王明琳,陈凌.代理人还是管家:基于双重嵌入视角的家族企业行为及绩效研究[J].中山大学学报(社会科学版),2013(02):180-188.

[252]王明琳,金波.利他行为与家族企业代理关系效率研究[J].财经论丛,2010(01):91-96.

[253]王明琳,徐萌娜,王河森.利他行为能够降低代理成本吗?:基于家族企业中亲缘利他行为的实证研究[J].经济研究,2014,49(03):144-157.

[254]王旭.金融关联与债权人外部性治理效应:来自民营上市公司的经验数据[J].云南财经大学学报,2014(01):120-130.

[255]王旭.企业生命周期与债权人治理的"阻尼效应"[J].中南财经政法大学学报,2013(01).

[256]王颖.基于经理人职业生涯关注的上市公司非理性投资行为研究[D].长沙:中南大学,2012.

[257]王志明,顾海英.社会资本与家族企业关系治理[J].科学管理研究,2004(4):98-102.

[258]尉建文,赵延东.权力还是声望?:社会资本测量的争论与验证[J].社会学研究,2011(3):64-83.

[259]尉建文.企业社会资本的概念与测量:一个综合理论分析框架[J].社会,2008,28(6):60-70.

[260]吴育辉,吴世农.高管薪酬:激励还是自利?:来自中国上市公司的证据[J].会计研究,2010(11):40-48.

[261]肖坤,刘永泽.债务结构对股权代理成本的影响:来自中国上市公司的经验证据[J].山西大学学报(哲学社会科学版),2010(4):84-88.

[262]肖坤,秦彬.股权结构对股权代理成本的影响:来自中国上市公司的实证检验[J].经济管理,2009(2):57-62.

[263]肖作平,苏忠秦.现金股利是"掏空"的工具还是掩饰"掏空"的面具?:来自中国上市公司的经验证据[J].管理工程学报,2012(2):77-84.

[264]谢德仁,黄亮华.代理成本、机构投资者监督与独立董事津贴[J].财经研究,2013(02):92-102.

[265]谢德仁,林乐,陈运森.薪酬委员会独立性与更高的经理人报酬—业绩敏感度:基于薪酬辩护假说的分析和检验[J].管理世界,2012(1):121-140.

[266]谢盛纹,闫焕民.审计行业专业性、债务代理成本与违约成本:来自中国上市公司的经验证据[J].当代财经,2013(06):110-120.

[267]谢盛纹.最终控制人性质、审计行业专业性与控股控股股东代理成本:来自我国上市公司的经验证据[J].审计研究,2011(3):64-73.

[268]辛琳.关系嵌入、企业经营绩效与关系管理[J].中国管理科学,2013(S2):563-569.

[269]邢春玉,张立民,李琰.政治关联、内部控制与过度投资:来自中国民营上市公司的经验证据[J].科学决策,2016(09):23-42.

[270]熊家财,苏冬蔚.股票流动性与代理成本:基于随机前沿模型的实证研究[J].南开管理评论,2016,19(01):84-96.

[271]徐慧玲.全流通环境下投资者利益保护研究:控股股东、中小股东和经理人三方博弈分析[J].财经研究,2011(11):71-79.

[272]徐寿福,徐龙炳.现金股利政策、代理成本与公司绩效[J].管理科学,2015,28(01):96-110.

[273]徐业坤,钱先航,李维安.政治不确定性、政治关联与民营企业投资:来自市委书记更替的证据[J].管理世界,2013(05):116-130.

[274]许冠南.关系嵌入性对技术创新绩效的影响研究[D].杭州:浙江大学,2008.

[275]许琳.家族企业的二元特征、制度因素与代理成本[D].上海:华东

理工大学,2014.

[276]杨光飞.关系嵌入和华人家族企业的制度演进:解析华人家族企业内部治理的一个视角[J].现代管理科学,2009(10):89-91.

[277]杨光飞.关系治理:华人家族企业内部治理的新假设[J].经济问题探索,2009(9):81-85.

[278]杨国枢.中国人的心理和行为[M].台北:桂冠图书股份有限公司,1993.

[279]杨海燕,孙健,韦德洪.机构投资者独立性对代理成本的影响[J].证券市场导报,2012(1):25-30.

[280]杨汉明,刘广瑞.金融发展、两类股权代理成本与过度投资[J].宏观经济研究,2014(01):61-74.

[281]杨星,田高良,司毅,等.所有权性质、企业政治关联与定向增发:基于我国上市公司的实证分析[J].南开管理评论,2016,19(01):134-141,154.

[282]杨玉波,李备友,李守伟.嵌入性理论研究综述:基于普遍联系的视角[J].山东社会科学,2014(03):172-176.

[283]姚伟.论强关系的凸显与我国社会分层[J].长白学刊,2010(5):137-141.

[284]姚小涛,席酉民.管理研究与社会网络分析[J].现代管理科学,2008(6):19-21.

[285]叶飞,吴佳,吕晖.高管私人关系对供应商信息共享的作用机理研究:以组织间的信任为中介[J].科学学与科学技术管理,2011,32(6):140-149.

[286]叶康涛,刘行.公司避税活动与内部代理成本[J].金融研究,2014(09):158-176.

[287]雍家胜.文化信仰与经济绩效:盐业中的徽商与宁波商[J].南方经济,2009(11):65-74.

[288]于保平.家族企业主的信任及职业经理人行为反应[D].上海:复旦大学,2010.

[289]余亮,梁彤缨.股利政策的治理效应:基于融资约束与代理成本权衡的视角[J].软科学,2013,27(2):67-70.

[290]袁建国,后青松,程晨.企业政治资源的诅咒效应:基于政治关联

与企业技术创新的考察[J].管理世界,2015(01):139-155.

[291]袁振超,岳衡,谈文峰.代理成本、所有权性质与业绩预告精确度[J].南开管理评论,2014,17(03):49-61.

[292]袁振兴,杨淑娥,王冬年.从代理成本理论到利益侵占假说的演变:国外现金股利代理理论研究综述[J].经济问题,2007(2):10-13.

[293]翟学伟.本土的人际传播研究:"关系"的视角与理论方向[J].新闻与传播研究,2008(3):40-43.

[294]翟学伟.是"关系",还是社会资本[J].社会,2009(01):109-121.

[295]翟学伟.信任的本质及其文化[J].社会,2014(01):1-26.

[296]张敦力,石宗辉,郑晓红.自由现金流量理论发展的路径、挑战与机遇[J].会计研究,2014(11):61-66,97.

[297]张俊生,曾亚敏.独立董事辞职行为的信息含量[J].金融研究,2010(8):155-170.

[298]张利斌,张鹏程,王豪.关系嵌入、结构嵌入与知识整合效能:人—环境匹配视角的分析框架[J].科学学与科学技术管理,2012,33(5):78-83.

[299]张强.自家人、自己人和外人:中国家族企业的用人模式[J].社会学研究,2003(1):12-20.

[300]张枢盛,陈继祥.中国情境下的关系研究:基于文化的视角[J].浙江工商大学学报,2013(02):76-82.

[301]张亚兰,孔祥毅.从山西票号看信任半径、信誉均衡与金融发展的关系[J].金融研究,2006(8):133-143.

[302]张兆国,何威风,闫炳乾.资本结构与代理成本[J].南开管理评论,2008(1):39-47.

[303]甄红线,张先治,迟国泰.制度环境、终极控制权对公司绩效的影响:基于代理成本的中介效应检验[J].金融研究,2015(12):162-177.

[304]郑伯壎,黄敏萍.华人企业组织的领导:一项文化价值的分析[J].中山管理评论,2000,8(4):583-617.

[305]周方召,符建华,尹龙.股权制衡、法律保护与控股股东侵占:来自中国 A 股民营上市公司关联交易的实证分析[J].投资研究,2011(8):101-110.

[306]周方召,潘鹏杰.控股股东、投资者法律保护和公司价值研究综述:基于不对称股权结构视角[J].外国经济与管理,2011(12):42-48.

[307]周婧好,刘晓霞,刘中艳."关系"理论及其在企业研究中的应用[J].财务与金融,2013(01):86-90.

[308]周生春,范烨.社会资本、治理结构与家族企业代理问题[J].浙江社会科学,2008(12):7-13.

[309]周生春,杨缨.信任方式的起源和中国人信任的特征[J].浙江大学学报(人文社会科学版),2010(11):32-40.

[310]朱文杰.中国企业家生命周期的传统文化探析[J].中外企业家,2000(8):52-57.

[311]朱志标,庞鑫.上市公司信息披露质量与债务代理成本:基于深圳A股的经验证据[J].东方企业文化,2010(10):86-87.

[312]庄贵军.关系在中国的文化内涵:管理学者的视角[J].当代经济科学,2012(1):18-29,45.

后　记

本书是在笔者博士论文的基础上修改完成的，书中的若干章节已发表在《财经问题研究》《系统工程》等核心刊物上，发表的论文与本书的内容没有很大区别。回想第一次参加博士招生考试到第一次见导师，第一次参加大组会议和小组讨论，第一次撰写课题申报书，第一次参加学术会议，第一次对别人的论文进行评审，第一次论文得奖，第一次获得项目批准，第一次发表CSSCI的文章以及结婚、生子……无数的收获和成就都在攻读博士学位期间经历，从一开始就在腹中构思致谢页的表达。当要下笔时，思绪万千，要感谢的人真的太多了，我是一个幸运儿！真心感谢生命中对我关心和帮助的每一个人，让我在最美的人生阶段不断进步，不断感悟，不断收获！

首先感谢我的博士生导师饶育蕾教授，感谢她四年来对我学术上的指导、事业上的指点和生活上的关爱。她是我学术道路上的引路人，是我教书育人的榜样。她渊博的学识、敏捷独特的思维、严谨的科研态度、先进的教研管理机制、以学生为本的育人情怀以及美丽知性气质都是学生一生学习之榜样。衷心感谢我的导师，祝她永远年轻幸福！

感谢盛虎老师、王建新博士、王颖博士、罗黎平博士、张媛博士、彭叠峰博士等同门对我学习上的帮助，感谢周蓉蓉师妹对我数据搜集上的帮助。感谢刘中艳、刘卫柏、姜江、李恒毅等博士班同学对我的支持和帮助，谢谢他们陪我度过美好的博士学习时光！

感谢湖南工业大学刘莉教授对本书提出的宝贵意见,感谢易棉阳教授、李晓翼教授、胡立和教授、曹湘平教授等全体同事对我的关心和帮助;感谢周陆军博士等对我实证分析写作的无私帮助和指点。在本书写作的过程中,我查阅了大量的文献资料,在此对这些文献的作者一并表示感谢。

感谢我的父母,是他们勤劳朴实的精神一直促我上进,这么多年还没让父母卸下生活的重担,停下辛苦的步伐,心里万分愧疚!感谢婆婆和公公对我的理解和支持,是他们承担了所有的家务,帮我照顾年幼的儿女,使我能集中精力去工作和撰写此书。最后,我要感谢我的先生邓珂,我的进步都离不开他的鼓励和支持,谢谢他的默默奉献,感谢他对我的包容、支持和帮助!

人生之路,短暂而漫长,坎坷而又畅达。一路走来,虽然磕磕碰碰,但是我不曾放弃,一直在缓慢前行。我将始终怀着一颗感恩上进的心,努力做一个对社会有贡献的人。

刘晓霞